突然ですが、
次ページ以降の
2つの問題に
チャレンジしてみてください。

問題①

あなたの同僚が上司に、
次ページのような見積もりに関する
進捗状況の報告をしています。
ただ内容がわかりにくいのか、
上司は今ひとつ要領を得ていない様子です。
そこで問題です。

**Q．上司が「なるほど、わかった」と
すぐに理解できるように、
報告し直してください。**

○○社に提出した見積もりですが、「もう少し何とかならないか」と言われそうな不安もあったのですが、先方のご担当からは「大丈夫だと思う」と言われました。ただ稟議を通す手続きに少し時間がかかるらしく、正式な決定はまだ来ていません。打ち合わせでは今週末までという話になっていたのですが間に合いそうもないため、少し先延ばしして週明けの火曜日まで待ってほしいそうです――。

同僚

上司

問題②

マンションの住民集会で、
管理人から「駐車場の利用について」
次ページのようなお願いがありました。
ただ、何だかわかりにくいと思いませんか。
そこで問題です。

Q・この「お願い」を、
意図が伝わるように、
もっと簡潔にまとめてください。

駐車場に後ろ向きで駐車されますと、隣接する住宅に排気ガスが流れ込んでしまいます。これまでにも、排気ガスの臭いが庭先に流れ込んでくる、花壇の花がダメになるといった苦情が何度か来ています。近隣の方々のご迷惑とならないよう、住民の皆様には、ぜひともご配慮、ご協力をお願いいたします。

管理人

いかがですか。答え合わせは――もう少しお待ちください。

これら2つの問題は、いずれも「相手に伝えたいことを、簡潔に、正確に伝える」というコミュニケーションの基本に深く関わっています。

そして「その基本を学び、実践する」ことは、ビジネスシーンに限らず、社会生活全般において何よりも大事な「良好で円満な人間関係」を構築するための唯一無二の手段になるのです。

本書は、その「手段」を学ぶための教材です。**最後までお読みいただき、コミュニケーションの基本を身につければ、仕事もプライベートも今まで以上に充実する**はずです。

2つの問題の解答例は、本編最後の220ページにて提示します。

本書を読んでコミュニケーションの基本エッセンスを学んだら、もう一度これらの問題にチャレンジしてみてください。

難なく解答が導き出せるでしょう。答え合わせはそのときに。

では、『コミュトレ』をスタートします。

話せる、伝わる、結果が出る！

コミュトレ

10万人のデータから
導き出された
ビジネス・
コミュニケーション
スキル

株式会社アイソルート 代表取締役
野田雄彦

よく「人は1人では生きていけない」と言われます。

たしかにその通りで、社会生活から隔離された無人島で1人自給自足で暮らしている人を除けば、私たちはみな「誰かとの協働」から逃れることはできません。

それが仕事の場ともなればなおさらです。

就職活動に始まり、報・連・相、営業、交渉、会議、プレゼン、接客、マネジメント、クレーム処理、その他取引先とのコラボレーション&パートナーシップなど――。**ほとんどのビジネスは「人と人の協働」によって成立している**のですから。

だからこそ、他者とのコミュニケーションのスキルは、「学歴」や「資格」といったこと以上に重要な、ビジネスパーソンにとっての「必須科目」と言えるのです。

周囲との関係性を深め、伝え合い、理解し合う能力は、自身やチームの成果創出に直結するだけでなく、周囲との関係性構築やキャリア形成において非常に重要になっています。

にもかかわらず、職場での会話や意思疎通といった基本的なコミュニケーションに不安を感じる人は、いまだに後を絶ちません。

家族や友だちとは話せても、職場に来ると話せなくなる。
仕事のこと以外の雑談ができず、職場の人たちと打ち解けられない。
言いたいことを簡潔に伝えるのが苦手。
人前で話すのが下手で、会議でも発言できない。
そんな自分に自信が持てず、職場での人間関係が上手くいかない。

今も昔も、多くのビジネスパーソンが、こうした「仕事でのコミュニケーション」に起因する悩みに直面しています。
社会情勢やビジネス環境が目まぐるしく変化している時代にありながら、ビジネスパーソンが抱える「人間関係の悩み」は、時代を超えて変わっていません。

それはなぜなのか。
その大きな理由は、多くの社会人が、職場におけるコミュニケーションのスキル（ビジネス・コミュニケーションスキル）を「学んできていない」ことにあるのではないか。

ならば、そうした学習の機会を提供する場があれば、多くのビジネスパーソンがもっと仕事を充実させることができるのではないか。

そう考えた私は、「ビジネス・コミュニケーションスキルを体系的に習得できる教習所」をつくろうと思い立ったのです――。


はじめまして。株式会社アイソルート代表取締役の野田雄彦です。

私たちが、その「ビジネス・コミュニケーションスキルの教習所」として、実践型スクール『コミュトレ』をスタートしたのは２００９年10月のことでした。それから**約15年にわたり、延べ10万人を超えるビジネスパーソンにコミュニケーションの技術をお伝えしてきました。**

そのなかで気づいたのは、コミュニケーションに悩む多くの社会人が、

「上手に話せるスキルは生まれ持った才能。自分にはその才能がないから無理」

といった「あきらめ」にも近い意識を持っているということです。

自分たちの周囲にいる、理路整然と流暢に、ユーモアも忘れず、人前でも動じずに伝えたいことを明確に伝えられる人を見るにつけ、

「あんなふうに上手に話せたらなぁ」

とうらやましく思い、同時に、

「でも自分にはそんな才能がないからできっこない」

と思ってしまう。だからいつまで経ってもコミュニケーションの悩みが解消できない。

そういう人が少なくありません。

ここで、はっきり申し上げたいと思います。

まず、その意識を変えましょう。**コミュニケーションスキルは、持って生まれた先天的な才能などではありません。誰にでも、いつからでも身につけることができる「後天的」な技術**なのです。

こうして堂々と宣言できるのは、何を隠そう、私自身がその体験者だからです。

そもそも私は学生時代、電子回路や機械設計を学んでいるような、どちらかと言えば人とのコミュニケーションに消極的な生活を送っていました。

ところがその後、将来起業を目指していた友人の誘いをきっかけに、スタートしたばかりの海外雑貨の輸入商社で働くことになったのです。

右も左もわからないまま販売店の新規開拓に従事するようになった私は、当初なかなか営業成績が上がらず、自分のコミュニケーションスキル不足を棚に上げて、「お客様の理解力や相性の問題」などと開き直っている時期もありました。

ただ、試行錯誤を重ねていくなかで、「人は感情の動物である」という本質を知り、成果が出せないのは、「相手に何を伝えるか」ではなく「相手がどのように感じるか」を考える気持ちが欠けているからだと気づいたのです。

それからは意識的に自分の「伝える技術」を磨くことに注力し、その結果、業績が上がり営業にも自信を持てるようになりました。

今考えれば、かつての私も「コミュニケーションの能力は生まれ持ったもの。自分にはその才能はない」という意識を持っていたのだと思います。

しかし、それは違うと気づいたことで、「その意識を変えれば、スキルは身につき、自分自身も変わる」ことを、身をもって実感できました。

だからこそ言えるのです。**コミュニケーションスキルは後天的な技術**なのだと。

コミュトレを受講された方々からは、「周囲との関係が大きく好転した」「行動を変えることで、自分が変われた」といった喜びの声を数多くいただきます。

苦手意識を感じていた先輩とも打ち解けられた。
わかりやすいプレゼンができるようになり、仕事の評価も上がった。
会議で黙りこくっていた自分が、堂々と発言できるようになった。
異動先の新しい環境にも、すぐに溶け込むことができた。
「人と関わり合いながら仕事をすること」が好きになった。
人間関係のストレスがなくなり、やりたいことに挑戦する意欲が湧いてきた。

こうした成功体験の一つひとつこそが、「コミュニケーションスキルは後天的な技術」

であることの紛れもない証しなのです。

さらに興味深いのが、

「仕事での人間関係に自信がついたことで、プライベートでの人付き合いもより充実した」という受講生の声が少なくないことです。

職場で不可欠なコミュニケーションスキルの向上が、家族や友人とのコミュニケーションにもプラスの形でフィードバックされることがある——。**「わかりやすく伝えるコミュニケーションスキル」は、ビジネスでの活躍を後押しするだけでなく、プライベートを充実させ、幸せな人生をももたらす力になる**のです。

みなさんもこの「人生を変えるスキル」を身につけませんか。そのためには、まず「才能がない」という誤解を捨て、「自分にもできる」と考えましょう。

そして、本書で「伝えるための意識」と「伝わる技術」を知ることから始めましょう。

本書では、『コミュトレ』の実践プログラムの根幹をなす、「独自に収集した延べ10万人以上のビジネスパーソンのデータ分析」と、「教育工学に基づく課題や手順の分析を経て体系化した独自開発の学習支援システム」をベースにした、ビジネス・コミュニケーションの超・基本エッセンスを紹介しています。

ぜひ、本書を活用してコミュニケーションへの自信を手に入れて、成長への第一歩、飛躍への第一歩、豊かな人生への第一歩を踏み出していただきたいと思います。

株式会社アイソルート　代表取締役
野田雄彦

第3章

相手がもっと話したくなる「リアクションの技術」

第4章

周囲の評価が爆上がりする「ビジ・コミュの技術」

第5章 誰もが耳を傾けたくなる「魅力的な話し方」の極意

第1章

「あなたと働きたい」という信頼を手に入れる

職場では「付き合う相手」を選べない

「仕事の悩みは、突き詰めれば、ほとんどが人間関係に行き着く」とよく言われます。そしてコミュトレの受講生からも、それを裏付けるような声が数多く寄せられています。例えば、

「苦手な同僚がいて、今日も一緒かと思うと出社したくなくなる」
「忙しくても同僚に仕事をお願いできず、1人で抱え込んでばかり」
「悩みや質問があっても、気軽に相談できる相手がいない」
「異動になったら、次の職場での人付き合いが不安」

などなど。なかには、職場になじめずに転職や離職を繰り返してしまうというケースも少なからず見受けられます。

こうした悩みもまた、**「上手に話す」「わかりやすく伝える」といったコミュニケーションスキル以前の、その土台となる職場での良好な人間関係が築けていない**ことに起因して

いると言っていいでしょう。

職場（仕事）での人間関係が難しいとされる大きな理由が、プライベートとは大きく異なる**「仕事の場ならではの人間関係、人付き合い」**の存在です。

家族や友人など、仕事と関係のない相手との付き合いは上手な人でも、仕事となると「人間関係が上手くいかない」「同僚や上司、部下とのコミュニケーションが図れない」といった悩みを抱えてしまうケースが少なくありません。

では職場での人間関係とプライベートのそれでは、具体的に何が異なるのでしょうか。最大の違いは、**「付き合う相手を選べるか、選べないか」**にあります。

プライベートでは付き合う人を選ぶことができます。「好感を持っている人」や「ウマが合う人」とだけ付き合って、苦手な人とは関わらなくても問題はありません。

ところが、職場や仕事となると話は変わってきます。そこには年齢も、性格も異なり、さまざまな考え方や価値観を持っている人がいて、その人たちと連携して一緒に仕事をすることが求められます。

会社組織に身を置く以上、「苦手な人」だからといって避けていては仕事になりません。「好きな人とだけ仕事をする。苦手な人とは付き合わない」は通用しないのです。

しかも、同じ職場の同僚とは否応なく付き合いが密になり、ときには家族よりも長い時間をともに過ごすことになります。

家族や仲のいい友人でさえ、長時間顔を突き合わせていれば、何かしらのストレスが生まれてくるもの。プライベートとは異なる職場ならばなおさらでしょう。そうなれば、些細なことでも衝突やトラブルが起きる可能性が高くなります。

「仕事の悩みは人間関係に行き着く」と言われる所以(ゆえん)はここにあります。

「一緒に働きたいと思われる人」が忘れない7つの姿勢

では、「仕事をする場」としての職場で良好な人間関係を築くためにはどうすればいいのでしょうか。答えはいたってシンプルです。それは、「周囲から信頼される」こと。**信頼されて「『一緒に働きたい』と思われる」**ことです。

「この人と一緒に働きたい」と思われる。
「この職場にいてくれてよかった」「いてくれないと困る」と認められる。
「頼りになる」「ついていきたい」と周囲から慕われ、一目置かれる。

多くの人が職場での人間関係に悩んでいる一方で、このように周囲から信頼され、良好な人間関係を構築できている人もいます。

彼らはなぜ「よき同僚」「信頼できる仲間」として評価されているのでしょうか。

実は「一緒に働きたい」と思われる人たちには、**職場での行動や周囲の人との向き合い方などの「姿勢」に共通点があります。**なかでも重要視すべきは、

①まず、与えようとする
②常に「Ｆｏｒ Ｙｏｕ（相手視点）」で考える
③礼儀・礼節を忘れない
④自分を客観視できる
⑤自ら率先して行動する

⑥ 人の長所を見つけようとする
⑦ 仕事の成果にこだわる

の7つです。そしてこれらの姿勢こそが、すべてのビジネスパーソンに求められる**「『一緒に働きたい人』と思われるための心得」**でもあると言えるでしょう。


以降は、ここで挙げた「7つの姿勢」について解説していきます。

周囲に信頼され、「一緒に働きたい」と思われるには、何を意識し、どんな姿勢と行動を心がけるべきか。ここでの「気づき」が良好な人間関係をもたらすカギとなるはずです。

「一緒に働きたい」と思われる人① —— まず、与えようとする

「ギブアンドテイク（Give and Take）」という言葉があります。「自分が与えたら見返りを受け取り、自分がもらったら見返りを与える」、両者とも損をせず両者が満たされるという互助の関係を意味しています。

アメリカの組織心理学者アダム・グラント氏によれば、人間が他者と関わる際には、

・ギバー（GIVER）――自ら他人に惜しみなく与える人
・テイカー（TAKER）――他人に与えるより、自分が受け取ろうとする人
・マッチャー（MATCHER）――与えると受け取るのバランスを考えて行動する人

の3タイプに分類できると言います。

職場では、多くの人が公平を求めて「マッチャー」となり、自分が費やすものに見合うプラスがあるかを考え、相手の出方に合わせた行動を取る傾向があります。これが「ギブアンドテイク」の考え方です。

しかしグラント氏は、3つのタイプのなかで他者からもっとも信頼されるのは「ギバー」に該当する人だと述べています。

組織において、常に「自分にできることはないか」と貢献しようとする。

集団の一員として、自分の時間や労力を惜しみなく費やして貢献する。

周囲のために見返りを求めずに行動することを「当たり前」と考える人は、周囲から好

感を持たれ、同じ職場で働く一員として尊敬や信頼を得ることになるでしょう。

さらに「まず与える」という献身的な行動をしていると、本人の意思と関係なく自然に大きな見返りが得られます。返報性の法則（受けた好意に報いたいと思うこと。詳しくは第2章で説明します）という心理作用によって、周囲の人たちが「何かお返しをしたい」と思うからです。

まさに「与えよ、さらば与えられん」ということ。人は、損得抜きに献身する姿勢に信頼を寄せ、「ともに働きたい」と思うのです。

「一緒に働きたい」と思われる人②——常に「For You」で考える

よく「コミュニケーションの基本は相手視点」と言われます。

ただ、ビジネスパーソンにとってはコミュニケーションに限らず、**仕事に向き合う姿勢全般に「相手視点」の意識が求められている**と私は考えています。

そもそも相手視点とはどういうことか。改めて確認しておきましょう。「視点」には「ものごとを見たり考えたりする立場」という意味があります。

つまり、相手視点とは、相手の立場になって「相手がどう思うか、どう感じるか」を基準に考え、行動する姿勢ということになります。逆に、自分の考えや感情を基準に行動するのは「自分視点」になります。

例えば、誰かと2人でレストランに入ってオーダーを決めるとき、相手もメニューを見やすくなるような向きにして開く――。こうしたちょっとした行動も、「逆向きだと相手が読みにくいだろうな」という相手視点の意識から生まれるものです。

例えば上司への報告や連絡、同僚への相談や確認など、職場でこちらから声をかける状況になったとき、本題に入る前にまず、

「今、お時間いただいてもいいですか」

「今、話しても大丈夫？」

と相手の都合を確認する。これも「相手視点」の行動です。逆に、

「すみません、実は○○の件で報告なのですが――」

「ねえねえ、あの件ってどうなってたっけ？」

などといきなり声をかけてしまうのは、「報告したい」「確認したい」という自分都合だけを優先した「自分視点」の行動と言えるでしょう。

また、**相手視点で行動できる人は愚痴や文句などの「ネガティブな発言」をしません。**

自分が「無理だ」「できるわけない」「ダメだ」「もう遅い」といった否定的な言葉を発すれば、それを聞かされている周囲の人たちが不快に感じたり、思考を止めてしまったり、意欲を喪失したりすることをわかっているからです。

相手の立場になって考える人は、「相手の求めていること」をわかろうとする人だということ。「こうしてほしい」「これはやめてほしい」といった相手の要望を考えるから、それに対して適切なアクションを起こすことができるのです。

さらに相手の立場からの視点でものごとを見ることで、自分の行動の反省や見直しもでき、さらに自分では気づかなかった新しい発見に出会える可能性も広がります。

もちろん自分の意思や考え方をすべて放棄する必要はありません。でも、過度な自分視点の行動は、職場の同僚との間に大きな〝温度差〟を生んでしまいます。**ですから「自分**

がどう思うか（For Me）」以上に「相手がどう感じるか（For You）」を意識する姿勢が重要になるのです。

「一緒に働きたい」と思われる人③——礼儀・礼節を忘れない

「礼儀・礼節」とは相手に対する「思いやり」や「敬意」を表す作法を意味します。

そしてここで言う「礼儀・礼節を忘れない」とは、例えば、

・感じよくあいさつをする
・清潔感のある身だしなみをする
・感謝の気持ちを言葉にする

といったことです。

こう書くと「そんなの当たり前」「今さら何を」と思うかもしれません。しかし、**人は当たり前のこと、言われるまでもないことほど軽視して手を抜きがちです。**例えば、

「毎朝出社したら必ず、ハキハキとあいさつしていますか？」

こう聞かれて、「はい」と自信を持って言える人がどれだけいるでしょうか。

二日酔いで体が重い、仕事が忙しくて頭がボーッとしている、イヤなことがあってイライラしている、そんなときでも感じよくあいさつできたでしょうか。そう聞かれると、途端に自信がない人が増えたのではありませんか。

無理もありません。当たり前のことほど徹底するのは難しいものですから。

でも、当たり前の礼儀・礼節を欠いた行動は、ときに人間関係を悪化させてしまうきっかけになりかねません。だからこそ、それを徹底できる人は人間関係も上手くいくのです。

感じよくあいさつをする

人と会ったらあいさつしなさい――誰もが幼少の頃から教え込まれるもっとも基本的な礼儀・礼節が「あいさつ」です。

「おはようございます」「こんにちは」「こんばんは」「さようなら」――難しい言葉は何ひとつありません。

ところが、子どもの頃はできていたあいさつも、大人になったら恥ずかしくなったり面倒くさくなったりしてきた、という人もいるのではないでしょうか。

あいさつは礼儀・礼節だけでなく、相手の存在を認め、親近感を持っているというメッセージでもあります。感じのいいあいさつは、恥ずかしいどころか人間関係の構築に必要不可欠なものなのです。

高いリピート率を誇る東京ディズニーリゾートでは、「キャストが来場者にあいさつするときは仕事の手を止めてアイコンタクトを取る」など、あいさつに徹底したこだわりがあります。千葉大学人文社会科学研究誌に記載されている『東京ディズニーリゾートのキャストサービスへの満足度に関する調査結果』によれば、満足の要因のなかで圧倒的に多かったのが「笑顔とあいさつの感じがいい」という項目だったのだとか。来場者とキャストという短い接点でも、あいさつは強く印象に残ることの裏付けでもあります。

職場でも同じこと。**感じのいいあいさつを欠かさない人は、それだけで周囲に好印象を与えることができる**のです。

清潔感のある身だしなみをする

相手に与える第一印象に大きく関わる身だしなみは、社会人としての常識をわきまえているかを計る指標にもなります。

ここで大事なのは、「身だしなみ」と「おしゃれ」は別次元の話だということ。おしゃれとは「自分が好きで、気に入っているものを身につける」ことであり、身だしなみは「相手に違和感や不快感を与えない服装をする」ことを意味します。

つまり、**おしゃれは自分視点で楽しむものですが、身だしなみは「相手がどう感じるか」という「相手視点」の礼儀・礼節**なのです。

とはいえ、難しいことではありません。身だしなみで心がけるのは、「清潔であること」「場の雰囲気にふさわしいこと」の2点です。自分視点のおしゃれはプライベートでのお楽しみにして、職場では「身だしなみ」を意識しましょう。

感謝の気持ちを言葉にする

要するに「誰かに何かをしてもらったら『ありがとう』を言う」ということです。

上司から、同僚から、取引先から、「ありがとう」とお礼を言われると、それだけで「仕事をもっと頑張ろう」というポジティブな気持ちになれるもの。また、「お客様からいただく『ありがとう』の声が仕事のやりがい」というビジネスパーソンも大勢います。「ありがとう」という感謝の言葉には、人を動かす不思議な力があるのです。

一般社団法人日本能率協会が2016年に実施した『第7回ビジネスパーソン1000人調査【仕事と感謝編】』によると、「仕事上言われてもっとも嬉しい言葉」は男女ともに「ありがとう」が1位（男性34・0％、女性43・2％）。次点は、男性が「お疲れ様（16・4％）」、女性が「よくやった（15・1％）」という結果が出ています。

こうしたデータからも、感謝の言葉を積極的に口にすることで相手の気持ちがポジティブになったり、仕事へのモチベーションがアップしたりすることがわかります。

何かをしてもらったら、誰に対しても、ありがとうと「きちんと言葉で」伝える。人にしてもらうことを当たり前と思わず、些細なことにも感謝の気持ちを忘れない。素直に「ありがとう」を言えることは、慕われ、信頼される資質でもあるのです。

「一緒に働きたい」と思われる人④——自分を客観視できる

自分のことをいちばん知らないのは、自分自身。

自分のことは、自分自身がいちばん見えていない。

多かれ少なかれ、誰にでもそういうところがあります。それは、自分の言動を振り返って「客観視」することがあまりできていないからです。

仕事が忙しくて心に余裕がないときなどはとくに、自分の視点からしかものを見ることができず、自己中心的な言動に走ってしまいがちです。

焦りまくっている自分に気づかず、知らず知らずのうちに些細なことでイライラしたり、つい声を荒らげたりと、自分の言動をコントロールできなくなる人が少なくありません。

では、自分で「焦ってイライラしている自分」に気づけたとしたらどうでしょう。

きっと、「今、自分は冷静さを失っているから落ち着こう」「大声なんか出したら、職場の空気を悪くするだけ」という発想になって感情が安定し、その場の空気を凍りつかせるようなこともしなくて済むでしょう。

若干極端な例ではありますが、自分を客観的に見ることができないと、自分の行動や感情をコントロールできず、ときに職場の雰囲気を悪くし、人間関係に悪影響を与える恐れもあるということです。

だからこそ、**職場での信頼を得るためには「自分を客観的、かつ冷静に見る視点」を持つことが大切**になるのです。

そのためにぜひ知っておきたいのが、ビジネスの現場でも見聞きする機会が増えている「メタ認知」です。

メタ認知とは、「自分の言動や感情などを客観的に認知する（観察する）」こと。

「ああ、今の自分は、上司に褒められて、嬉しくて有頂天になっているな」
「ああ、今の自分は、理不尽な同僚の態度に対して、カッとして腹を立てているな」
「ああ、今の自分は、プレゼンを前にして、ガチガチに緊張しているな」

のように、今の自分の姿を〝もう1人の自分〟が高いところから冷静に観察しているような状態です。メタ認知とは、自分の見つめるもう1人の自分を持つことでもあるのです。

メタ認知能力が高いと、周囲の環境や他者の言動、自分の感情や思い込みなどに流されず、落ち着いて行動を選択できるようになります。

逆にメタ認知能力が低い人は、自己中心的（自分本位）で思い込みが強く、周囲の状況を把握できないまま感情に任せた行動を取ってしまいがちになります。

ではメタ認知能力を高めるにはどうすればいいのでしょうか。

ひとつの効果的な方法として挙げられるのは、**視点を自分から切り離し、「職場（会社や組織）視点でものごとを見る」**ことです。

自分からは自分自身が見えにくいのなら、視点を「職場（会社や組織）」の側に移して、「自分は職場のなかでどう見えているか」を意識する習慣をつければいいのです。

すると「自分は○○をした」「自分はこんなに頑張った」ではなく、

「『自分という社員』の言動は、この職場にどんな影響を与えているか」
「『自分という社員』がした仕事は、この職場にどれだけ貢献できたか」

という見方ができるようになります。

忙しくて余裕がないときも、

「何でオレだけこんなに忙しいんだ？　やってられないって」
「まだこんなに作業が残ってる。冗談じゃない、間に合うわけないよ」

図① 常に「メタ認知」を意識しよう

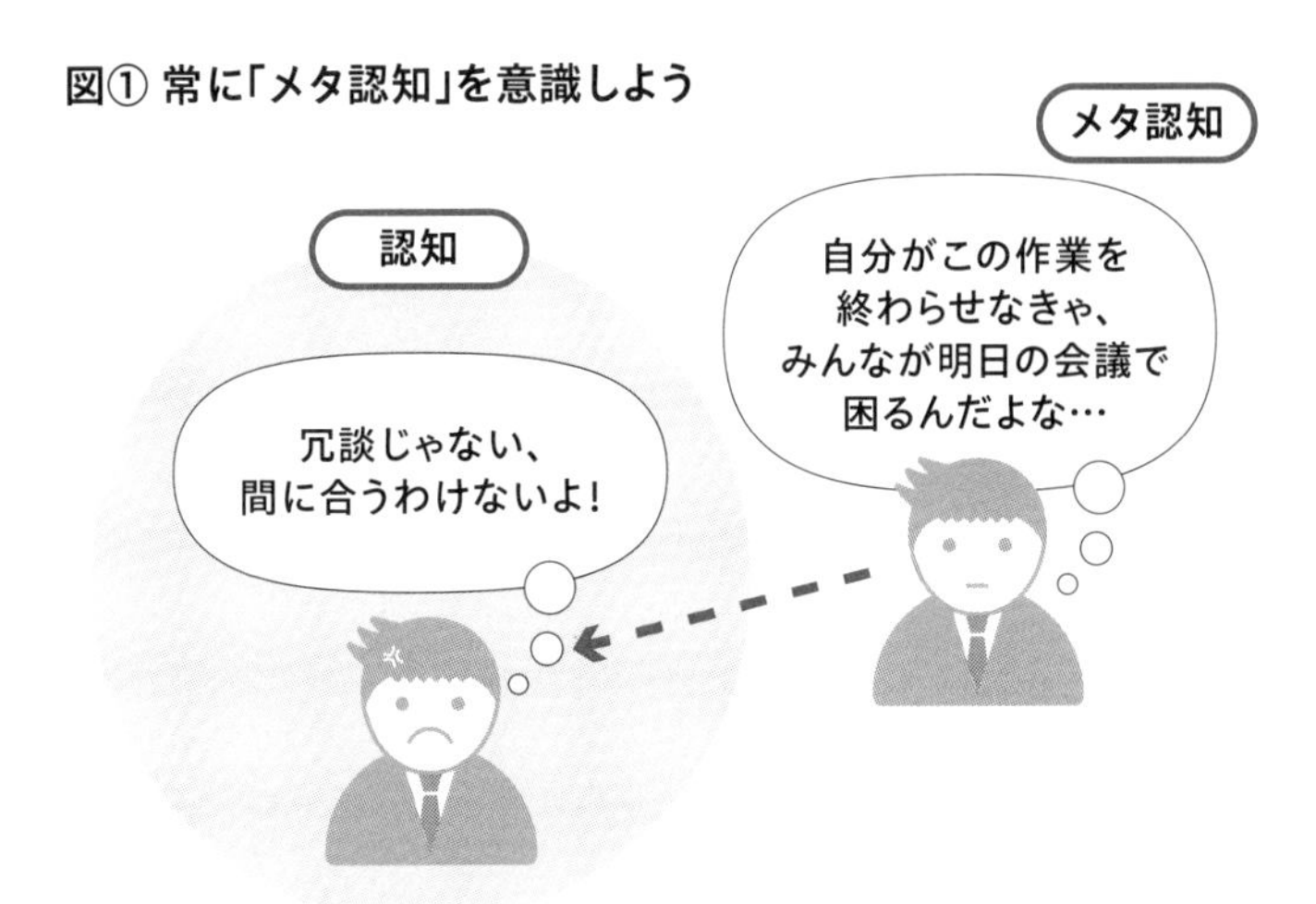

メタ認知とは、自分を見つめるもう1人の自分を持つこと。

ではなく、

「オレみたいに焦ってイライラしている人間が1人いると、職場の空気が悪くなるよな……」

「自分がこの作業を終わらせなきゃ、みんなが明日の会議で困ることになるんだよな」

と自分の置かれている状況を冷静に客観視できるようになります。

自分で自分を冷静に客観視するメタ認知能力は、職場の人間関係の構築に限らず、あらゆる場面で言動や思考に思慮深さをもたらす、ビジネスに欠かせないスキルになります。

常に自分の感情を客観視できる人、浅慮に走らずに取るべき行動を取れる人が職場で信頼される人になれるのです。

「一緒に働きたい」と思われる人⑤――自ら率先して行動する

職場で信頼され、一緒に仕事をしたいと慕われている人たちには**「自ら率先して動く積極性がある」という共通点**があります。

例えば自分の職場に、AさんとBさんという後輩がいたとしましょう。仕事の能力は両者ともほぼ同じレベルなのですが、2人には、

Aさん【誰かに話しかけられるまで会話や雑談に加わろうとしない】【上司から指示があるまで、ほかの仕事を手伝おうとしない】

Bさん【自分から話しかけて和やかな雰囲気をつくろうとする】【自分から『お手伝いできることはありますか?』と周囲に声をかける】

というタイプの違いがあります。

みなさんが2人の先輩だとしたら、好印象を抱くのはAさん、Bさん、どちらの後輩でしょうか。みなさんが「一緒に仕事をしたい」と思うのはどちらですか。

きっと、ほとんどの人が「Bさんと仕事をしたい」と答えるでしょう。

なぜなら「自分から率先して積極的に動こうとしている」姿勢のBさんのほうが、「仕事に意欲的で前向き」だと感じるからです。

人は、普段から何事にも積極的な姿勢で向き合っている人を見て、「よく頑張っている」「成長が期待できる」「頼もしい」といった評価をします。**人は、積極的に質問や相談を持ち掛けられれば、その姿勢に応えて熱心にできる限りのことを教えてあげたくなります。**

常に自分のほうから働きかける。そうした姿勢で行動していると周囲の人が〝味方〟になってくれます。それが「一緒に仕事をしたい。同じ職場で働きたい」という信頼につながっていくのです。

また、**仕事への向き合い方が積極的か、消極的かの違いは、本人の仕事へのやりがいやモチベーションにも影響します。**

上司や周囲からの指示がなければ動けない人材を「指示待ち人間」と呼ぶことがありますが、「やらされる」仕事にはなかなかやりがいや楽しさを感じられないもの。

しかし、自分から率先して取り組む仕事には、自然とやりがいや楽しさ、喜びが伴ってきます。当然、高いモチベーションで仕事に臨むことができるでしょう。

「自ら率先して動く」積極性とは、自ら考えたことを実行に移せる「行動力」のことでもあります。

誰かが先にやるのを待つのではなく、誰かの指示があるのを待つのでもなく、自らやるべきことを見つけて取り組む。その行動力が「頼もしさ」という信頼を生み出します。

「一緒に働きたい」と思われる人⑥——人の長所を見つけようとする

職場とは多様な考え方や価値観を持った人たちが集まるところ。そこには自分と価値観が似ている人もいれば、自分にはなかなか理解できない価値観の人もいるでしょう。ウマが合う人ばかりでなく、「苦手」と感じる人もいるかもしれません。

しかし、そうした環境下だからこそ、「誰に対しても、その人の長所に目を向ける」ことができれば、周囲との関係性は格段によくなります。
人の長所（＝いいところ）を知れば、その人に対する尊敬の念が生まれます。そうすればお互いの関係性がよくなって、仕事も一緒にしやすくなるでしょう。

とはいえ、苦手意識がある相手だとどうしても「悪いところ」ばかりが目についてしまい、いいところにはなかなか気づけないもの。

だからこそ、とくに**苦手と感じている人に対しては、「意識的に、積極的に、いいところを探す姿勢」が必要になる**のです。

まずは「苦手なところ」には目をつむり、どんな些細なことでもいいのでその人の「長所となりそうなポイント」を探してみましょう。仕事への向き合い方や性格、言動や容姿など、さまざまな角度から観察します。

それで見つかれば苦労はしないと思うかもしれませんが、意識的に探せば「今まで視界に入っていなかった意外な何か」が見えてきたりするものです。

人間の脳には「カラーバス効果」といって、「自分が望んでいる情報に意識を向けがち」

という特性があります。逆に言えば、意識していない情報は視界に入っていても脳が認識していないということ。苦手意識があることで、その人が持っているいいところが見えなくなっている可能性も十分にあります。

苦手な人という先入観を捨てて〝宝探し〟をするように、その人のいいところ探しをしてみる。何かしらの長所を見つけられれば、その人を見る目も変わってきます。「ただの苦手な人」ではなく「尊敬できるところもある人」になるのです。

ちなみにその長所は、当人の認識と一致している必要はありません。例えばこちらが、「（口は悪いけれど）約束したことは必ず守るのがこの人の長所」と感じたのなら、相手がそう思っていなくてもかまわないのです。

そして、自分なりにその人の長所を見つけたら、「自分は、そういうところを見習いたい」「すごいと思う」「尊敬している」と、相手にきちんと伝えることが大事です。

自分の長所をきちんと評価されて不愉快になる人はいません。また、**自分が重要な存在だと認められたいという思い（自己の重要感）を満たしてくれる相手には好印象を抱く**もの。長所を見つけたら、言葉にして伝える。そうすることで、お互いの心理的なハードルが下がり、関係性が好転するきっかけにもなるでしょう。

何かにつけて人の揚げ足を取ったり、欠点を指摘して嫌みを言ったりする人と、自分でも気づかなかったような自分の「いいところ」を見つけて認めてくれる人。どちらと一緒に働きたいかは、改めて問うまでもありません。

「一緒に働きたい」と思われる人⑦――仕事の成果にこだわる

職場における信頼には「人としての信頼」と「仕事における信頼」の2つがあります。

職場とは、あくまでも「仕事をする場所」です。そのため「人としての信頼」だけがあれば上手くいくプライベートとは違って、職場の人間関係には「仕事における成果」というもうひとつの大きな要素が加わってきます。

成果を出すための基本ポイントは、「仕事の質」と「納期の遵守」の2つです。

仕事の質

仕事の質とは、期待されている仕事の完成度のことです。

ＳＥならば、「クライアントのリクエストを確実にクリアするシステムを構築する」、営業職ならば、ただ商品の説明をするだけでなく「顧客の購買意欲をより刺激するような提案を考え、実践する」などでしょう。

つまり、**上司からの指示やクライアントの要望に基づく「達成すべき水準」を満たすアウトプットを出すことへのこだわり**です。

納期の遵守

決められた納期を守ることです。仕事には必ず納期や締め切りがあります。いくら質が高いアウトプットができても、納期を守れなければ本末転倒で意味がありません。

合格点の品質を満たすアウトプットを期限内に達成することへのこだわりは、ビジネスの基本中の基本です。

会社組織に属する者である以上、「与えられた役割や責務をまっとうし、求められている成果を出す」ことがすべての資質の大前提になります。例えば、

仕事はデキるけれど、「傲慢」「不愛想」「ドライで冷徹」ですごく感じが悪い――。

なかにはこういう人もいます。どんな人とも仕事をしなければいけないのが職場なのですが、それでも「こういう人とは働きたくない」という心情は理解できるでしょう。

ただ、だからといって、

「感じがいい人」なのだけれど、仕事をやらせるとイマイチ——。


という人もまた、「一緒に仕事をする」という観点では大いに不安になってしまいます。

つまり、仕事がデキるだけでもダメ、感じがいいだけでもダメということ。

「成果を出して業績に貢献する」という大命題を課せられている職場では、人としてだけでなく、「仕事でしっかりと成果を出す」という2つの信頼の〝両立〟が求められます。

そして、それが「一緒に働きたいと思われる人」の基本条件でもあるのです。

求められるのは「誰とでも良い関係が築ける」能力

会社組織で働く社会人にとって、職場は1日の大半、いえ仕事人生の大半を過ごす場所となります。にもかかわらず多くの人が、自分の職場での人間関係について「あまり良好ではない」と感じている現実があります。

２０２２年に日本労働組合総連合会が、全国の18歳〜65歳のビジネスパーソン１０００人を対象にして「仕事に関するストレスの実感について」の調査を実施、発表しました。

それによると、職場で感じるストレスの原因のトップ3は、

1位　職場の人間関係　30・９％
2位　仕事の量　22・８％
3位　地位・待遇　19・９％

となっています。この結果を見るだけでも、人間関係に悩むビジネスパーソンがいかに多いかがよくわかるでしょう。

職場では同じ組織の一員として、自分とは立場や価値観が異なる人たちとも協力しながら仕事を進めなければなりません。そこで求められるのが、**「相手に依存しない＝相手の性格やタイプに左右されない」コミュニケーション**です。

例えばプライベートの場では、

・気が合う友人同士だから、意識して盛り上げようとしなくても会話が弾む。
・同じ趣味を持つ人だから、次々に共通の話題が出てきて話が広がる。

こうしたことが少なからずあります。これは「すでに良好な関係性が出来上がっている相手」だからこそ成立しているコミュニケーションと言えるでしょう。

しかし接する相手が選べない職場で求められるのは、それとは逆の、「既存の関係性に頼らない（頼れない）」コミュニケーションです。そこでは、

・自分の人となりを開示して、お互いの親近感を醸成する。
・相手に好印象を与えて、スムーズに仕事を進める。
・報告や連絡などの仕方を考えて、わかりやすく伝える。

といった、「自分から働きかけて、コミュニケーションの道を拓く」という意識が必要

になってきます。

相手に依存しないコミュニケーションスキルとは、言い換えれば**「相手を選ばず、誰との間でも、良好な人間関係を構築できる能力」**のこと。

さまざまな価値観を持った人が集まる職場において「一緒に働きたいと思われる人になる」とは、こうした自分からの働きかけによる能動的なコミュニケーションを通じて、周囲と信頼関係を築くということなのです。

本章では〝ビジネスパーソン〟として信頼され、「一緒に働きたいと思われる人」になるための基本的な姿勢や考え方を解説しました。

次のステップは、実際に多様な価値観を持つ人たちと良好な関係を築くための具体的なコミュニケーションスキルの習得になります。

ひと口にコミュニケーションスキルと言っても、その種類や活用するシチュエーションは幅広く、さまざまです。ただ間違いなく言えるのは、本章でその重要性を解説した**「周囲の人たちとお互いに信じ合い、頼り合える信頼関係」は、ビジネスシーンに限らず社会生活を営んでいく上での、すべての土台**だということ。

その土台があってこそ、これから身につけるコミュニケーションスキルはより強力な武器になるのです。

次章からは、コミュトレが持つ10万人のデータ分析とニーズ調査に基づいて、とくに多くのビジネスパーソンが苦手意識を持っている、

・人として好印象を与え、相手と打ち解ける「雑談」
・相手の話を引き出して会話を広げる「リアクション」
・業務を円滑に動かすための「報・連・相などのビジ・コミュ（業務伝達）」
・聴き手を惹きつけ、耳を傾けたくなる「魅力的な話し方」

の4つのシチュエーションごとに、より実践的なビジネス・コミュニケーションの心構えやスキルなどを解説していきます。

第2章

気軽に、誰とでも1分で打ち解ける「雑談の技術」

何気ない雑談は職場に不可欠な「潤滑油」

普段の雑談なんて簡単でしょ――。

自信を持ってこう言える人は、果たしてどのくらいいるでしょうか。

周囲と打ち解けるには〝ちょっとした雑談〟が欠かせないことはわかっている。でも、いざ職場に足を踏み入れると、思うように言葉が出てこない。

仕事での情報伝達以外に、いったい何を話せばいいのかわからない。気軽に雑談を交わしている同僚を見るとうらやましくなる。

雑談力という言葉が世の中に広く浸透した今も、現実に目を向ければ、こうした悩みを抱えているビジネスパーソンは大勢います。

そこで本章では、「自分も、何気ない雑談で自然な人間関係を築きたい」と思いながら、なかなか実践できない人たちの「最初の一歩」をサポートするために、ハードルがグンと低くなる雑談のコツと基本テクニックをお伝えします。

図② ビジネスの現場で交わされる会話は2種類

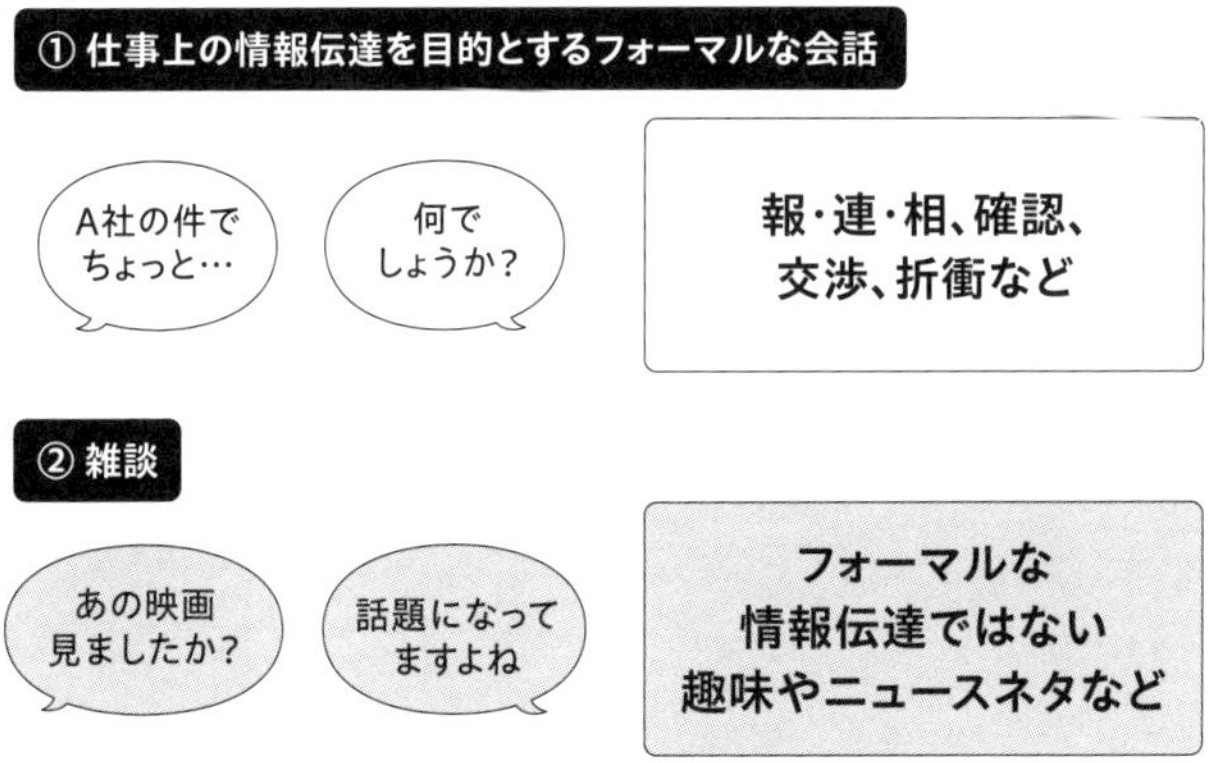

① 仕事上の情報伝達を目的とするフォーマルな会話

A社の件で
ちょっと…

何で
しょうか？

報・連・相、確認、
交渉、折衝など

② 雑談

あの映画
見ましたか？

話題になって
ますよね

フォーマルな
情報伝達ではない
趣味やニュースネタなど

雑談は業務をスムーズに進めるための潤滑油！

その前に改めて「なぜ仕事の現場で『何気ない雑談』が必要とされているのか」、その意味と意義をおさらいします。たかが雑談、されど雑談。まずは雑談の重要性を再認識することから始めましょう。

職場ではさまざまな人がさまざまな話をしているように思えますが、極論すればビジネスの現場における会話は以下の２種類に大別されます。

①報・連・相や確認、交渉、折衝などの「仕事上の情報伝達を目的とするフォーマルな会話」

②それ以外の「個人的な経験や感情を共有する何気ない会話＝雑談」

ビジネスにおいて仕事を動かすための情報伝達である①が重要なのは当然です。では、なぜ②の何気ない雑談が不可欠なのか。

それは、**職場で気軽に交わす雑談が、「場の空気を和らげて相手と打ち解け、仕事を円滑に進めるための潤滑油」という重要な役割を担っているから**です。

Ｇｏｏｇｌｅが実施した社内調査によれば、「生産性が高いチームは心理的安全性が高い」という特徴があることが判明しています。

心理的安全性とは、要するに「誰もが気兼ねなく何でも言い合える状態」のこと。心理的安全性の高い職場とは、「仕事上の情報伝達だけでなく、気軽に何気ない雑談ができるような打ち解けた職場」ということです。

席が近い同僚とのちょっとした世間話、休憩中に交わす趣味やプライベートの話、単純作業をしながらの何気ない会話——。こうした**雑談を通じて打ち解けることで、お互いの人柄も知れて相手への理解が深まり、気持ちのいい関係性が構築**されます。

雑談が多い職場では、自然にお互いの〝人となり〟が知れてメンバー同士の結束も強まります。メンバー間で常にコミュニケーションが図られていれば、ミスも少なくなり、無駄な作業や不要な残業もなくなり、仕事も円滑に進むようになるでしょう。

職場の雰囲気を和ませる雑談は、1人1人の働きやすさにも、職場全体の仕事のクオリティにも大きなプラスの効果をもたらしてくれます。

仮に、雑談が一切ないような職場はどんな雰囲気になるでしょうか。

会話は「仕事の情報伝達に関わる用件や案件」だけで、あとは誰もがただ黙々と業務を進めているという状況は、緊張感から場の空気が硬く、張り詰めたものになりがちです。

気軽なコミュニケーションが図れず、周囲の同僚との関係性も希薄になって、チームや組織としての一体感も生まれにくくなるでしょう。そうした環境下では、

・仕事上の相談事や悩みがあっても周囲に声をかけられず、1人で抱えてしまう。
・相手の顔色を窺って自分の意見や考えを主張することができない。
・周囲とのつながりや信頼関係が築けずに、人がすぐに離職・転職してしまう。

といった事態が発生するリスクも高く、業務にマイナスの影響が出る懸念があります。

そして、**その懸念を解消するのが、「何気ない雑談」なのです。**

気軽に雑談ができる職場には、人事異動や転職で新しい人が入ってきたときに周囲と打ち解けやすく、新しい仕事環境に慣れやすいというメリットもあります。

例えば、人事異動で地方の営業所から転勤になったAさんが、初めて職場に出社してきた場面を想像してみてください。Aさんにすれば周囲の人とはみな初対面。「新しい職場で上手くやっていけるのか」「みんなと打ち解けて協力しながら働けるのか」といった緊張や不安を抱えているはずです。

そんなとき、迎える側の職場の人から話しかけて、気軽に雑談をする機会を持つことができれば、それだけでもAさんが職場になじむ大きなきっかけになります。

「Aさん、初めまして。△△部の○○です。Aさんって福岡営業所から転勤して来られたんですよね。実は私、プロ野球好きで、福岡ソフトバンクホークスのファンなんです。だから福岡営業所勤務っていいなぁって、ずっと思っていたんです。Aさんは福岡には何年くらいいたんですか？」

「入社してすぐなので、もう5年です。福岡を離れるのは、今回が初めてなんですよ」

「そうなんですか。もともと九州のほうの出身なんですか？」

「ええ、福岡生まれで、今も実家は福岡の博多にあります」

「野球とか、見ます？　やっぱり贔屓（ひいき）はソフトバンクですか」

「そうですね。ＰａｙＰａｙドームにも見に行きますよ。まだヤフオクドームの頃から、けっこうよく行ってますね」

「え～、いいなぁ。私はまだ福岡には行ったことがないんです。一度はＰａｙＰａｙドームに行くつもりなので、そのときはいろいろ教えてください」

「もちろん。ドームの近くのおいしいお店も教えますよ」


このように、「何気ない雑談」をするだけでも、Ａさんの緊張感が解けて、職場になじみやすくなります。同時に、迎えるこちら側も「Ａさんってどういう人なんだろう」という不安が和らぎ、ウェルカムな雰囲気になるでしょう。

仕事の情報伝達とは関係のない気軽な雑談を交わすことで、働く人たちの関係性の〝す

〝べり〟がよくなり、そこから親近感や連帯感が生まれ、それが仕事にもプラスに働く。

雑談は「何気ない話」ですが、職場の雰囲気を和らげ、気持ちよく働ける環境を生み出し、かつ仕事の生産性を大きく高めてくれる〝神・潤滑油〟なのです。

雑談は「質より量」。交わす回数を重視する

仕事の話はできるけれど、それ以外の話になると途端に話せなくなる。
話しかけられれば答えるけれど、自分から話しかけるのは苦手。
雑談しようと思うと〝身構えて〟しまって上手く話せない。
相手を楽しませるようなおもしろい話なんてできない。

――これらは、「雑談が苦手」だと思っている人に共通する悩みです。

雑談が仕事の潤滑油だということはわかる。でも「行うは難し」で、いざその場になるとどうやって声をかければ、そして何を話せばいいのか、わからない。

そう思って二の足を踏んでしまうのは、雑談に対して過度なプレッシャーを感じているからです。だから、変に「上手くやろう」と硬くなってしまう。

でも、そんなに気負う必要などありません。

そもそも**雑談の目的は、相手とその場の空気を共有し、お互いに打ち解けて親近感を深めること。**「何を話すか」や「上手く話せるか」はさほど重要ではありません。「気軽に雑談を交わす」という行為そのものに大きな意味があるのです。

ですから1回1回の雑談は本当に何気ない、他愛のない話で十分。それよりも「相手と雑談する回数」のほうを重視しましょう。

人には「接触の回数を増やすことで関係性が深まる」という、ザイオンス効果（単純接触効果）と呼ばれる心理作用があります。

CMで頻繁に見かける会社だと信用できたり安心感を覚えたりする。コンビニでよく顔を合わせる店員さんに何となく親近感を覚える、といった心理も、ザイオンス効果によるものです。

それは人間関係でも同じこと。普段から何かにつけて短い雑談を交わす、その回数に比例してその相手との心理的距離感はグンと縮まっていきます。

雑談は「質より量」、大事なのは「内容より行為そのもの」です。

次項では、これさえ身につければ誰でも雑談ができるようになる、その「基本中の基本」フォーマットをお伝えします。

「あいさつ+ひとつ質問」でOK! 超シンプル3ステップ雑談フォーマット

何かを学んだり、身につけようとするときにもっとも確実かつ近道となるのが、**「基本となる手順や型、ルールを覚える」**という方法です。

例えば料理上手になりたいなら、近道はまず「基本のレシピに忠実につくる」ことです。その料理をつくる手順をまとめたレシピ通りに調理すれば、料理が苦手な人でもおいしい料理をつくることができます。

つまり、まずはレシピで基本の手順を覚えることが大事だということ。一度覚えてしまえば、あとはレシピを見なくてもつくれるようになります。そこから少しずつレパートリーを増やしたり、自分なりにアレンジすれば、だんだんと料理が上手になっていくでしょう。

実はこの「手順を覚えることの重要さ」は、雑談にもそのまま当てはまります。つまり、**雑談にも、覚えておくべき「基本の手順、決まった型」がある**ということです。

面倒くさそう、やっぱり難しいんじゃないか。そんなふうに思ったかもしれませんね。でも、実は何ひとつ難しいことなどありません。

ステップ① まず、あいさつする
ステップ② 質問スタイルで話しかける
ステップ③ 相手の回答に反応して話題を広げる

たったこれだけ。シンプルでしょう。この3ステップだけで、十分に場の空気を和ませる潤滑油としての雑談が可能になります。**延々と続く他愛ないおしゃべりも、仕事の合間**

にサラッと交わす二言三言の雑談も、突き詰めれば、このたった3つのステップを基にして行われているのです。

会話が苦手だから、雑談なんてムリと思い込んでいる人は、とにかくまず、この基本手順を実践してみてください。それだけであなたの雑談力は大きくアップするはずです。

以降はこの3つのステップについて、もう少し詳しく解説していきます。

ステップ① まず、あいさつする

いざ雑談、と思っても最初のひと言が出てこない。こんなときもっともベーシックで、オールマイティに使えるのが「あいさつ」です。

あいさつは礼儀やマナーだけでなく、「その人の存在を認めている」ことのアピールでもあります。そのひと言は「あなたのことに気づいていますよ」「あなたのことを大切に思っていますよ」というメッセージなのです。そしてさらに、「あなたと気軽に話がしたい」「あなたと打ち解けたい」「仲良く接したい」という好意の意思表示でもあります。

笑顔でハキハキとあいさつをする人に対して、「感じが悪い」と思う人はまずいません。

誰もが「この人は自分に好意を持ってくれている」という気持ちになって、その人に好印象や親近感を覚えるでしょう。**場の空気を和らげる雑談のきっかけとして、あいさつほど簡単で打ってつけの声掛けはない**のです。


朝、出勤した直後なら「おはようございます」。

仕事の合間なら「お疲れ様です」。

取引先の人なら「お世話になっています」。

初対面なら「初めまして」。

すでに親しくなっている人なら「あ、どうも」だってOKです。

やり取りが続く長い会話は苦手だという人でも、こうしたあいさつならばハードルはかなり低いはず。まずは、**こちらから積極的にあいさつをして「打ち解けたい気持ち」を提示してあげる。それが雑談のファーストステップ**になります。

ちなみに、あいさつは「ただ、すればいい」というものではありません。その仕方次第で与える印象は大きく違ってきます。

感じがいいあいさつをするために心がけるべき基本のポイントを3つ挙げましょう。

相手の目を見る

目にはその人の感情が表れ、人は目からも感情を読み取ります。ですから、相手の目を見てするあいさつは、「〝あなたと〟仲良くしたい」「〝あなたと〟コミュニケーションを取りたい」といった好意的な感情を相手にアピールすることになるのです。

はっきりと発音する

せっかくのあいさつも、相手が気づかなければ意味がありません。はっきりした発音を意識すると、自然に声が大きくなり、ハキハキと話しているように聞こえます。

相手の名前を呼ぶ

名前はその人にとっての特別な言葉。「○○さん」と名前を呼ぶことで、相手に好印象を与えることができます。また、「あなたに声をかけています」という意思表示にもなります。**「おはようございます、○○さん」と付け加えるだけで、あなたの印象はグンとよくなる**でしょう。

あいさつは雑談のきっかけに限らず、**「相手との距離感を縮めるためのコミュニケーションの第一歩」**です。慣れないと少々気恥ずかしいかもしれませんが、焦らず、気負わずに、相手に寄り添う気持ちを持って、積極的にあいさつをするように心がけましょう。

気軽なあいさつが日々の習慣になれば、雑談への苦手意識も薄れていくはずです。

ステップ②　質問スタイルで話しかける

ただ大事なのは、あいさつはあくまでも「きっかけ」であり、雑談はそこから始まるということです。

「おはようございます」「あ、おはよう」
「お疲れ様です」「ああ、お疲れ様」

これはただのあいさつで、まだ雑談ではありません。**あいさつを交わしたあとに「何かについて話す」というステップがあって初めて雑談が成立**します。

そこが難しいんだよな――そんな声が聞こえてきそうですが、大丈夫。決して難しいことはありません。話題は何でもいいのですから。

とはいえ、「何の話題でもいいと言われると、かえって悩む」人も多いかもしれません。ならば、あらかじめ「もうひとネタ」のテーマを決めておくといいでしょう。そして相手に返答を促すような「質問スタイル」で話しかければ、より話が広がりやすくなります。

職場の雑談ネタとして使えるテーマで一般的なのは「プライベートに関する話題」と「旬なニュースに関する話題」の2つです。

プライベートに関する話題――趣味や好きなこと、ハマっていること

【例】「○○さんは趣味とか、最近ハマっていることってありますか？」
「以前、釣りが趣味だとおっしゃっていましたが、最近も行ってるんですか？」

会話が苦手な人でも、自分の好きなことだと饒舌（じょうぜつ）になりやすいもの。職場だからこそ、仕事と直接関係のない「プライベートな話題」がお互いの距離を縮めてくれます。

このとき「ハマっている事柄（サッカーやテニスなど）」にフォーカスした質問だと、

こちらにもある程度の知識が必要になります。自分が知らない事柄が出てきたときには、盛り上げにくくなる可能性もあります。そこで、おすすめするのは**「その人自身」にフォーカスするという方法**です。例えば、

「○○を好きになったきっかけは何か?」
「いつ頃から○○にハマっているのか」
「○○はどういうところがおもしろいのか」

というように、**「コトやモノ」よりも「人」にフォーカスすれば、こちらの知識の有無は関係なく話が広がり、盛り上がりやすくなります。**

また、**人は「自分に関することを覚えていてくれる人」に、より好印象を抱くものです。一度話に出てきた相手の好きなことやハマっていることをメモしておく**といった〝ちょっとした心がけ〟が、次の雑談に活きてきます。「そういえば○○が好きだと言ってましたよね——」などと切り出せば、相手は「あの話、覚えてくれていたんだ」と感じて、ワンランク上の好印象につながります。

「仕事の場でプライベートなことを聞くと不審がられるのでは」という考え方もありますが、その心配はいりません。もちろん必要以上に〝根掘り葉掘り〟聞き出そうとするのはNGですが、お互いが「より打ち解け合う」ための糸口としては格好の話題になります。

旬なニュースに関する話題——テレビや新聞などで取り上げられている旬な話題

【例】「ラグビーのW杯、始まりましたね。私、やったことはないんですが観るのは大好きで。◯◯さんはラグビーに興味ありますか？」

世間を騒がせているニュースは、多くの人と共有しやすい雑談の〝鉄板〟ネタ。お互いが共通の情報をもとに会話できるため、話が弾みやすいというメリットがあります。旬のニュースは常に変わっていくので、マンネリにならず使いやすい話題ともいえます。

また、**旬のニュースを話題にする際は、まず自分の感想を述べてから質問するといいでしょう。**そうすることで、相手も自身の感想を話しやすくなります。

例えば同僚とのやり取りで、

A「おはようございます」
B「あ、おはようございます」
——ここまでは、ただのあいさつ——
A「毎日暑いですね。今朝のニュースだと、今日も最高気温35度の酷暑だそうですよ。○○さん、外回りの仕事だから相当キツいんじゃないですか？」
B「そうだね。ワイシャツなんか毎日ビショビショだけどさ、お客さんが直接会いたいって言ってくれるから、頑張っているよ」
A「それは大変ですね。熱中症に気をつけてください」
B「ありがとう」
——これで雑談が成立——

このように「今日も酷暑というニュース」「外回りという仕事」に関する質問をプラスしたことで、ただのあいさつが雑談へと進化しました。

あいさつが糸口となり、そのあとに投げかける「ひとつの質問」から気の置けない雑談が始まっていく。**大事なのは「あいさつだけで終わらせない」こと**なのです。

ステップ③　相手の回答に反応して話題を広げる

雑談をする際に質問スタイルで話しかけるメリットは、相手が「返答してくれる」ために会話が途切れず、話題も広がりやすくなることにあります。

こちらの質問への相手の返答にはしっかりとリアクションを取り（リアクションについては第3章で詳しく解説します）、そこからさらに話題を広げ、掘り下げる〝第二の矢〟となる質問をします。そして第二の質問に相手が返答してきたら、それに応じてこちらもリアクションと質問を投げかける。そして、

こちらが質問する→相手が返答する→返答を受けてまた質問する→返答する……

最初の質問を機にこうした「質問（ステップ②）と返答へのリアクション（ステップ③）のループ」が生まれれば、雑談はどんどん広がっていきます。先ほどの例で言えば、

Ａ「おはようございます」

B「あ、おはようございます」

A「毎日暑いですね。今朝のニュースだと、今日も最高気温35度の酷暑だそうですよ。○○さん、外回りの仕事だから相当キツいんじゃないですか？」

B「そうだね。ワイシャツなんか毎日ビショビショだけどさ、お客さんが直接会いたいって言ってくれるから、頑張っているよ」

――この回答に反応して話を広げると――

A「いやぁ大変ですね。でも、ひと昔前は30度でも大騒ぎしてませんでしたっけ？」

B「そうそう。これも地球温暖化ってやつなんでしょうね」

――ここから、さらに話を展開させて――

A「そのうち、夏は40度が当たり前とかになったらどうします？」

B「可能性はゼロじゃないかもね。そうなったら、高校の部活のときみたいに大きな水筒を持ち歩くよ」

A「とにかく、お互いに熱中症には気をつけましょう」

B「ですね」

ここまでで1分もかかっていませんが、このやり取りはもう立派な「雑談」です。何度もやり取りが続く会話になってはいますが、実は**「あいさつ＋質問＋返答」というたった3つのステップによって展開されている**のです。

「あいさつと質問」のちょっとした雑談を続けていたら、いつのまにか「人から話しかけられる」機会が増えていることに気づいた――。

受講生の方からこんな話を聴きました。最初は緊張したけれど勇気を出して、まずは近くの話しやすい人から始め、徐々に他部署の人やちょっと苦手な人にも話しかけるようにしたところ、1カ月ほど経った頃から、エレベーターで一緒になったときや廊下ですれ違ったときに話しかけてくれる人が明らかに増えたそうです。

ちょっとした雑談を交わすことで、周囲との関係性は大きく好転します。みなさんもぜひ「3ステップ雑談」を実践してみてください。

図③ これさえ覚えればOK！ 雑談3ステップ

ステップ1 まず、あいさつする

感じのいいあいさつ

① 相手の目を見る
② はっきりと発音する
③ 相手の名前を呼ぶ

ステップ2 質問スタイルで話しかける

使える雑談ネタ

① プライベートに関する話題
② 旬なニュースに関する話題

ステップ3 相手の回答に反応して話題を広げる

**相手の回答には
しっかりと
リアクションを取り、
そこからさらに
話題を広げる。**

たった3つのステップで人間関係は大きく変わる！

相手との「共通点」で雑談を盛り上げる

「○○さんって、生まれはどこですか？」

「私、生まれも育ちも熊本県です」

「え、私は福岡県なんですよ。同じ九州ですね」

「そうですね。福岡の天神にはよく遊びに行きましたよ」

「もしかしたら街ですれ違っていたかもしれませんね」


「○○さん、学生時代は何かスポーツされていたんですか？」

「高校から大学までテニスをやっていました」

「テニス、いいですね。私はバドミントンでした。スポーツっていいですよね」

「そうですね。テニスは今もたまにやっていますよ」

「アクティブですね！　私もテニスやってみたかったんですよね」

「今住んでいる地域の同好会で月に1、2回ぐらいやってます。今度一緒にどうですか？」

「ぜひ、声かけてください！」

会話のなかで、相手が自分と同じ出身地だとわかると一気に打ち解ける、同じ趣味の持ち主だとわかると話が一段と弾む――そんな経験がある人も多いと思います。

私たちは、「自分と共通点のある人」や「自分と似ている人」に親近感を抱きやすいと言われています。これは「類似性の法則」と呼ばれている心理作用です。

例えば、「出身地が同じ」「出身大学が同じ」「通勤で使っている路線が同じ」「趣味が同じ」共通点は何でもＯＫ。完全に一致していなくても、「テニス」から「スポーツ」、「熊本県」から「九州」のように、より広く共通点を取ることもできます。また、

「私も、○○さんと同じで△△大学の出身なんです。私は政経学部ですが、○○さんは？」

「私も政経なんですよ」

「え、マジですか！　じゃあ経営情報学の◇◇教授、知ってます？」

「知ってますよ。名物教授で有名ですから。私、講義にも出てました」

「私も何度か出ましたよ。ひょっとしたら教室近くですれ違ってたかもですね」

図④ 共通点があると会話が盛り上がる

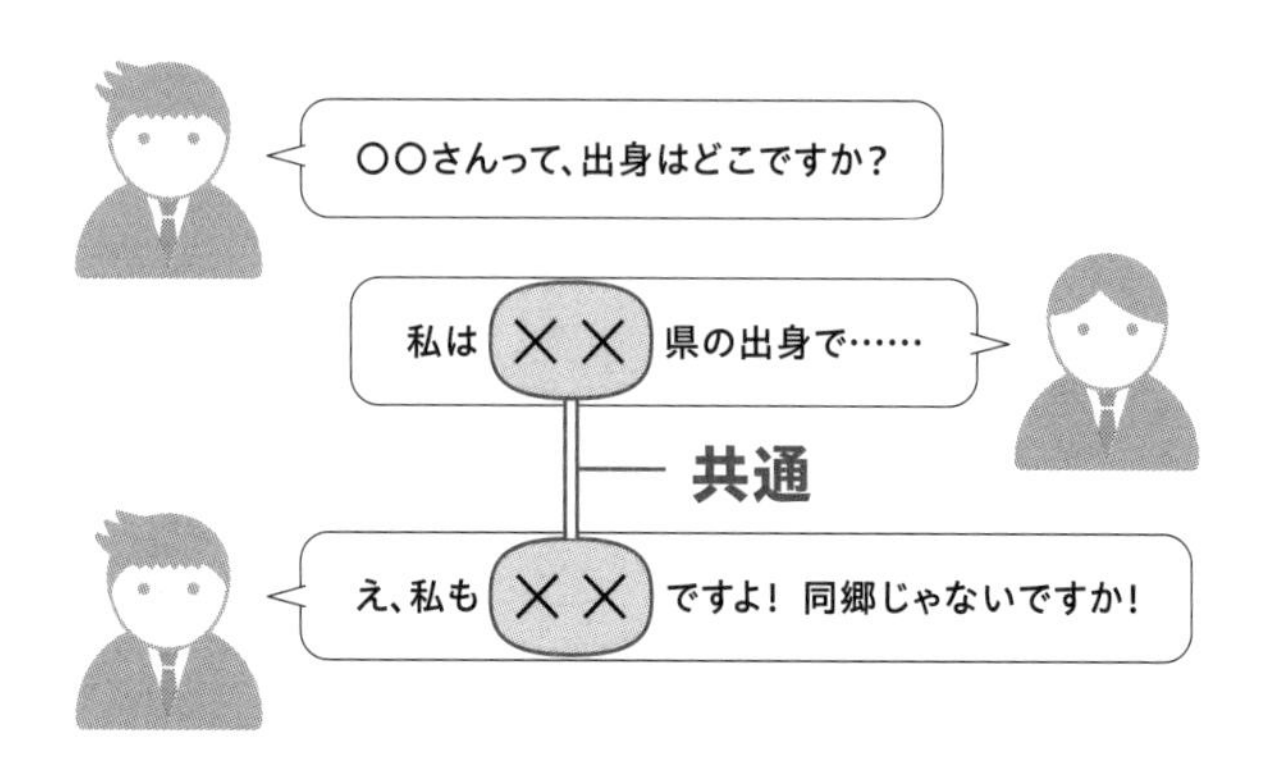

共通点を見つけたらそれを糸口に話を進めよう。

のように、類似性が高い（＝共通点が多い）ほど親近感は高まる傾向にあります。

不思議なもので、雑談のなかでお互いの共通点を見つけ出して共有し、その話題で共感し合えると、付き合いが浅くても「ずっと前から知っていた」ような感覚になるもの。「自分とこの人は、同じ土俵、共通のフィールドで話ができる」という気持ちが、お互いの心理的な距離をグンと縮めてくれるのです。

会話をしていて、自分と相手の共通点を見つけたらチャンス。その共通点を糸口に話を進めれば、雑談はもっと盛り上がります。

自分を見せて警戒心を解く「自己開示」

毎日一緒に働いている同僚や、長年付き合っている取引先の担当者、顔なじみの業者さんなどなら、相手のことをよく知っているしコミュニケーションも図りやすいでしょう。ところが、雑談の相手が初対面の人や知り合って間もない人、顔を見たことがある程度の人となると、事情は少し変わってきます。

なぜなら、人はよく知らない相手と向き合ったとき、多かれ少なかれ「この人はどんな人だろう?」「信頼できる人か?」といった警戒心や疑念、緊張感を覚えるからです。

とくにビジネスの現場で交わされる情報伝達の話だけでは、なかなか相手の〝人となり〟まではわかりにくいもの。だからこそ、「何気ない雑談」を交わすことができれば、お互いの警戒心が薄まり、心理的な距離も縮まります。ひいては、それが仕事における信頼関係を築くための土台にもなるのです。

さらに、よく知らない人と雑談をする際、お互いの「この人、どういう人?」という警戒心を「感じがよくて信頼できる人だ」という好印象や親近感、信頼感に変えていくために非常に有効な方法があります。

それが**「自己開示を織り交ぜながら話す」**ことです。

自己開示とは**「自分のことを相手に知ってもらい、共有する」**ことです。

コミュニケーション関係の書籍にはよく、「雑談上手は聴き上手」などと書かれています。そのため、「相手の話を聴くことに徹すればいい」と考えて自分のことを一切話さず、相手の話にただ相づちを打つだけになってしまう人がいます。

たしかに相手の話をしっかり聴くことはとても大事です。かといって自分に関する情報をまったく明かさなければ、相手はこちらが「どんな人なのか」を知りようがありません。

また、初対面の人との会話で、相手にできるだけよく見せよう、いい印象を与えようと自分を取り繕い、心の内をひた隠しにして当たり障りのない表面的な会話に終始してしまう人も少なくないでしょう。これでは会話は無難に済んでも、相手に自分のことを知ってもらうには至りません。

人は、「よく知らないことに不安を覚え、よく知らない人を前にすると警戒する」もの。

図⑤ 自分のことをさらけ出せば相手も話しやすくなる

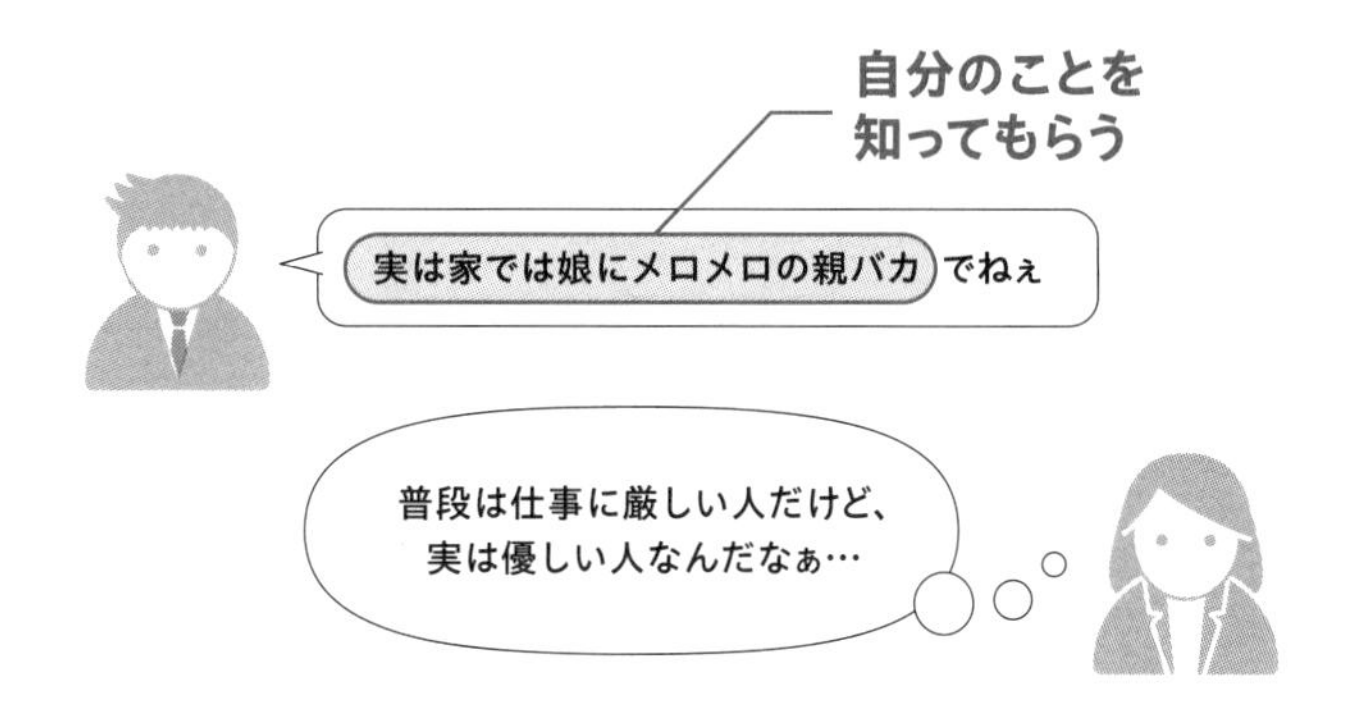

自分のことを相手に知ってもらい、共有することで相手との信頼関係を築く。

その警戒心が解けないままでは、相手は〝心の扉〟を開いてくれません。だからこそ、まずは「この人はこういう人なのか」と、こちらのことを知ってもらう必要があるのです。

さらに、人には「開放性の法則」と呼ばれる心理作用があります。これは「プライベートなことを話してくれる相手に対して好意を持ちやすくなる」というものです。

例えば、厳格で仕事に厳しい上司から「実は家では娘にメロメロの親バカでねぇ」といった話を聴くと、思わず親しみを感じる――よくある話ではないでしょうか。

人は、自分に対して胸襟を開いてくれる人には警戒心を解くだけでなく、その人に好印象も覚えるもの。親密な関係になるきっかけにもなりやすくなります。

こちらから積極的に自分のことを相手に知ってもらい、共有する（＝自己開示する）ことが、相手との信頼関係を築くための重要なアプローチになるのは、こうした人間の心理作用も大きく影響しているのです。

こちらが心を開けば、相手も開く

雑談での自己開示にはもうひとつ、大きなメリットがあります。それは「こちらが相手のことを知るきっかけになる」というもの。

自分のことを知ってもらう自己開示が、結果として相手のことをよく知るための行為にもなるということです。

例えば、ただ単に「休日はどのようなことをしていますか？」と聴くよりも、「私は映画が好きでよく映画館に足を運んでいる」などと、先にこちらの情報を話してから聴くほうが、相手はスムーズに「自分のこと」を答えやすくなります。

また人には、**「相手がしてくれたことと同等のものを返そうとする」「もらったら、お返ししなければ申し訳ないと思う」という心理作用**があります。これは心理学用語では「返報性の法則」と呼ばれています。


親切にしてもらった人には、自分も親切にしてあげたくなる。

旅行のお土産をくれた人には、自分が旅行に行ったときはお土産を買おうと思う。

相手からあいさつされたら、自分も「あいさつを返そう」という気持ちになる。


こうした心理は、返報性のなせる業と言えるでしょう。

この返報性は、会話における自己開示でも同じように働きます。つまり、こちらが自分のことをさらけ出すと、返報性によって相手は知らず知らずのうちに、

「この人はここまで話してくれるのだから、私に心を開いてくれているはず」

「ならば、私も心を開いて話をしなければ、この人に申し訳ない」

という心理になり、こちらに自己開示を返してくれるようになっていきます。

まさに「自己開示は人のためならず」。**自分が先に心の扉を開けば、それに応じて相手**

図⑥ 相手のことを知るためにこちらも心を開く

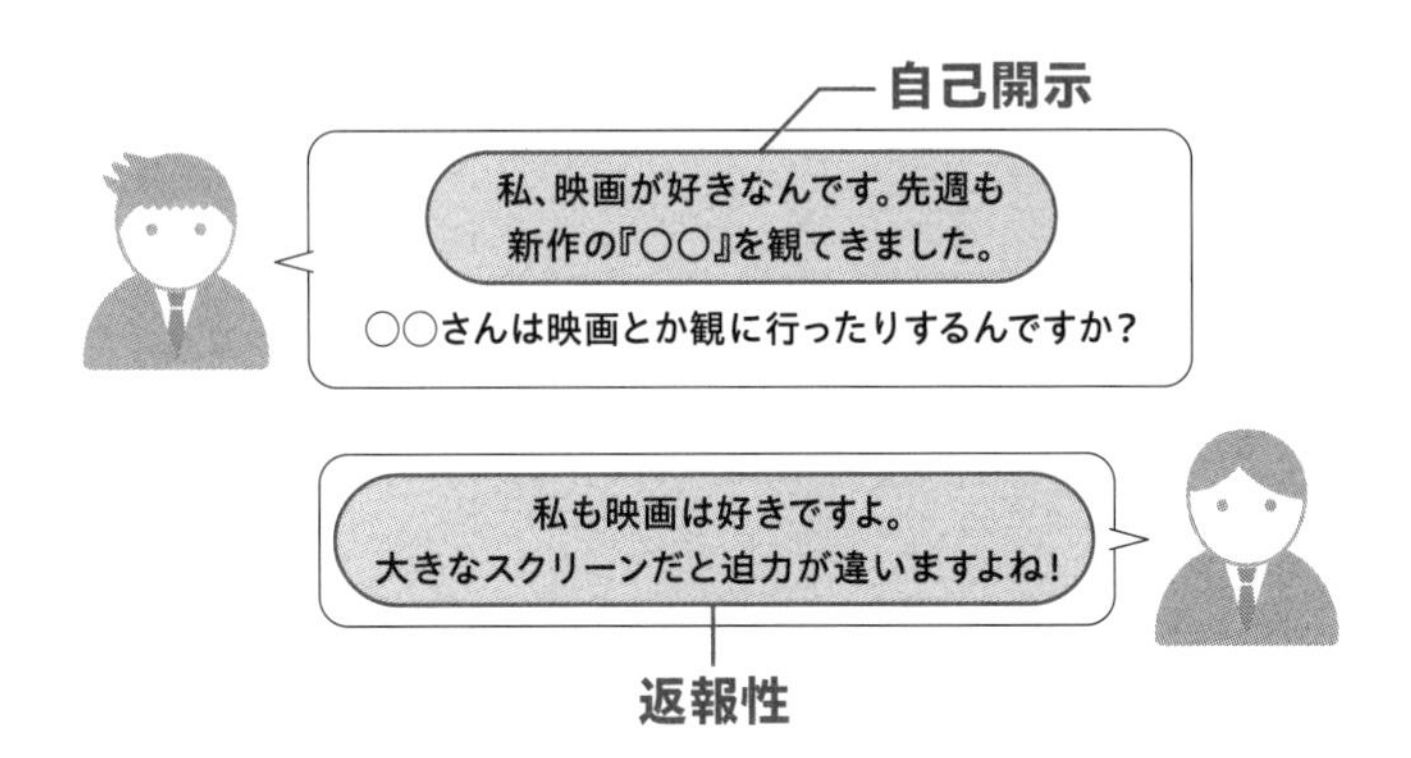

自分が先に心の扉を開けば、それに応じて相手も心の扉を開いてくれる。

も心の扉を開いてくれます。そこからお互いが深く知り合うことで、信頼関係が構築されていくのです。

「自分を知ってもらおう」「相手をよく知ろう」という気持ちで交わす自己開示をしながらの雑談とは、例えばこんなイメージです。

あなた「私、映画が好きでよく観るんですよ。先週も新作の『○○』を観てきたんですけど、Aさんは映画とか観に行ったりするんですか？」

Aさん「私も映画は好きですよ。DVDや動画配信もいいけど、大きなスクリーンの迫力が非日常的でいいんですよね」
あなた「わかります。私も〝映画は映画館派〟なので。最近は何か観ましたか？」
Aさん「そうだな、この前観た『△△△』はおもしろかったなぁ」
あなた「たしか主役が若手俳優の××でしたよね。実は私も彼には注目しているんですよ」
Aさん「彼は演技力がずば抜けてますよね。『◇◇◇』もよかったですよ」
あなた「そうそう、私も観ました。あまりヒットしなかったけど名作ですよね」

自分に関する情報を開示して質問することで、相手も自然と自己開示の返答をしてくれる——。こうしたやり取りがお互いの親近感を強めてくれます。

「なに＆なぜ」で、より具体的に自分を伝える

自己開示は、相手に自分がどんな人かを知ってもらうためのアプローチです。雑談をする際には、より**具体性を持たせた開示をすることで、自分の〝人となり〟が伝わりやすくなります**。そのためには、自分の話のなかでとくに、「何を（What）」「なぜ（Why）」と

いう2つの要素を意識して、より詳細に、具体的に提示するといいでしょう。

例えば、相手から趣味やお酒のことを聞かれたとき、

・趣味は何かありますか?
↓「趣味はスポーツ観戦です」
↓「趣味はスポーツ観戦、とくに今はラグビーです。前回の日本でのW杯を観て一気にハマっちゃいました」

・お酒はよく飲むんですか?
↓「お酒は大好きで、よく飲みに行きますよ」
↓「お酒は大好きで、よく飲みに行きますよ。何でも飲みますが、出身が新潟県なので、やっぱりいちばん好きなのは日本酒ですね」

どちらの例も、前者はかなり抽象的な答えになっていますが、後者では「何を」、「なぜ」

図⑦「なに&なぜ」で自分を伝える

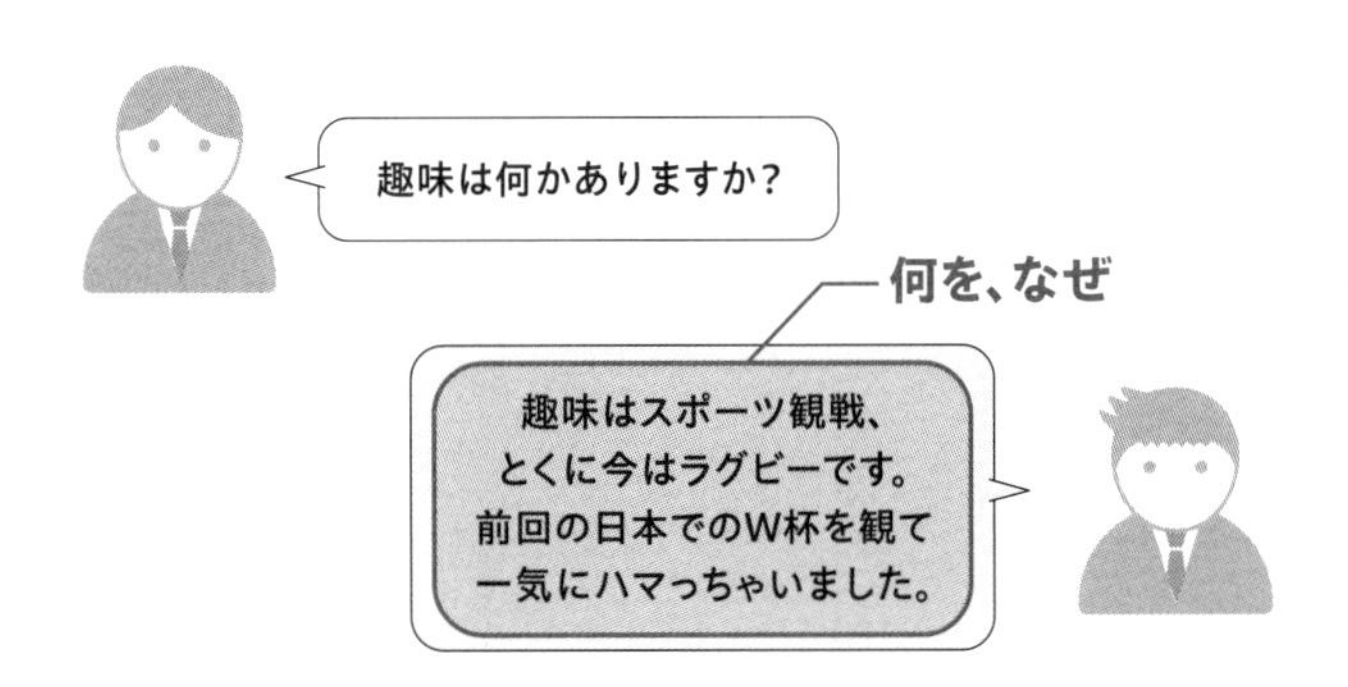

より具体性を持たせた開示で、自分の人となりがより伝わりやすくなる。

をより具体的に自己開示しています。そうすることで、その人の趣味や嗜好がより詳しく伝わり、その分だけ親近感も深まることが期待できます。

また、雑談のなかで相手から意見や感想を求められたときも、できるだけ具体的に回答するように心がけましょう。例えば、

「この冬、温泉旅行に行こうと思っているんですが、どこかおすすめはありますか?」

と聞かれたときに、

「湯西川温泉とかいいんじゃないですか。いいところですよ」

で終わるよりも、

「湯西川温泉とかどうですか。前に行ったことがあるんですが、秘境のようなノスタルジックな雰囲気が素敵でいいところですよ。それと、冬なら『かまくら祭』も必見です」

と具体的に答えてあげたほうが、「この人も温泉好きなんだろうな」という印象を与えられるうえに、この後も話の広がりが期待できるでしょう。

雑談も「一問一答」の繰り返しではなかなか話が弾みません。

自分から声をかけるにせよ、相手から聞かれて答えるにせよ、自分のことを話すときは、何かより具体的な〝オマケ〟をつけてあげることで、自己開示の効果が高まり、話も続けやすくなります。

第3章

相手がもっと話したくなる「リアクションの技術」

きき上手とは「聴き上手」のこと

「会話上手は聴き上手」とよく言われます。

雑談や日常会話を気持ちよく弾ませるためには、たしかに「自分が話す技術、自分から話しかける技術」も必要です。黙っているだけでは会話は成立しないのですから。

どちらかが話すとき、もう一方は「ちゃんと耳を傾けて、相手の話を聴く」という意識を持つ。それで初めて「会話」になるのです。

もちろん話す力がまったく不要とは言いません。しかし、それ以上に**「相手の話を聴く力」「相手が話しやすくなるように聴く力」が求められている**ということになります。

お気づきの方もいると思いますが、本書ではあえて「聞く」ではなく「聴く」という表現を使っているところがあります。それは、同じ「きく」でも、この2つは「似て非なる」もの。それぞれの意味には大きな違いがあるからです。

一般的に広く使われている「聞く」には、「意識しなくても自然に耳に入ってくる音をそのまま受信する」といった、いわゆる生理現象的な行為というニュアンスがあります。
一方、「聴く」のほうは「意思を持ってしっかりと耳を傾ける」という能動的で意識的な行為です。英語でも「Hear（聞く）」と「Listen（聴く）」と、きき方やきく姿勢の違いによって表現が使い分けられています。

例えば、

Aさん「ねえ、スマホをしまって、私の話、ちゃんときいてよ！」

Bさん「大丈夫。大きな声を出さなくたってきいてるよ」

この場合、Aさんの「きいて」は「聴いて」で、Bさんの「きいてる」は「聞いてる」のほうです。

「真剣に聴いてほしい」Aさんに対して、Bさんは「聞こえているけれど、聴いてはいない」。だから、Aさんは怒っているわけです。

このように**相手と通じ合い、打ち解け合うための会話で必要なのは、しっかりと耳を傾ける「聴く」ほうの力**なのです。

日本語には「傾聴する」という言葉があります。傾聴とは、耳だけでなく「心（意識）をしっかりと傾けて、真摯に、注意深く相手の話を聴く」姿勢や行為のこと。

会話に求められるのは、まさにこの「傾聴」です。心を込めて真剣に聴けば、「関心がある」「理解を深めたい」という気持ちが伝わります。そうすれば相手だって、この人ともっと話をしたい、もっと親しくなりたいと思うでしょう。

相手と関係を構築する上で、話は「聞く」のではなく「聴く」。そうすることで、会話による相互理解や親近感は深まっていきます。

弾む会話は「リアクションが9割」

人と会話をしていて「つまらない」と感じるのはどんなときでしょうか。

興味のない話題になったとき？　話の内容がよく理解できないとき？　それともオチがなくて笑えないとき？　それもあるかもしれません。でもそれ以上につまらないのは、「反応がない相手と話すとき」です。

何を話しても、何を問いかけても「ええ」「まぁ」「はぁ」――。

話を聴いているのか、意味が通じているのか、はっきりしない。

真剣に聴く気があるのか、適当に聞き流しているのか、何もわからない。


そんな、モノ言わぬ壁に向かって話し続けるような、「暖簾（のれん）に腕押し（手ごたえや張り合いが感じられない）」の会話ほど〝話しがいのない〟ことはありません。


「今朝、乗っていた電車が車両故障で止まっちゃってさ――」

「ふーん、そうですか……」

「週末はいつも何してるんですか？」

「いや、とくに何も……」


これでは会話が進むはずもありません。むしろ、会話になる前に〝強制終了〟です。

何のリアクションもなく、表情も変えずに黙りこくられたら、話している側は「オレの話、つまらないのかな」と凹み、気づまりや無力感、時には苦痛さえ感じて、「もういいや」と話をやめたくなってしまうでしょう。

でも逆に、

「今朝、乗っていた電車が車両故障で止まっちゃってさ――」
「え、そうだったんだ！　大変だったね。オレは路線が違うから気づかなかったけど」
「おかげで駅構内が大混雑。会社に着くまでに1時間半もかかっちゃったよ」

「週末はいつも何してるんですか？」
「よく聞いてくれました。今、ソロキャンプにハマってて、毎週末行ってるんですよ」
「ソロキャンプですか、いいなぁ。私も一度行ってみたいと思っているんです」

のように、話に合わせてはっきりと小気味よく反応したり、興味がありそうなリアクションをしてくれる相手だと、話すほうも気分よく話を続けることができるでしょう。

雑談に限らず、**人と交わす会話は相手からのアプローチに「しっかり反応する」「リア**

クションする」ことから始まります。なぜならそれが「話を理解している」「関心を持って聴いている」という意思表示だから。そして、この会話が一方通行ではなく、双方向のコミュニケーションだという証しだからです。

たしかに「会話上手は聴き上手」なのですが、ただ聴いているだけではまだ不十分。まずしっかり傾聴する。そして「打てば響くような反応」をする。そうして初めて「弾む会話、広がる会話」になるのです。

では、その「打てば響くような反応、リアクション」とはどういうものか。それについては、次項以降で具体的に解説していきます。

共感を伝える基本リアクション「それ、わかる法」

会話におけるリアクションでまず意識すべきは「共感」を伝えることです。

共感とは「相手が感じている感情を、自分も同じように感じる」こと。SNSで自分の投稿に「いいね！」がつくと、それだけで嬉しくて「また投稿しよう」という気持ちになる——。そんな経験をお持ちの人も多いのではないでしょうか。それは「共感してもらえた」ことに喜びや充実感、満足感を覚えるからです。

こうした心理は、リアルに対面して交わす会話でもまったく同じ。こちらから共感のリアクションを示すことで、相手は「自分の気持ちを理解してくれた」「この人も自分と同じ気持ちなんだ」という安心感や親近感を覚えます。そして「もっと話したくなる」のです。共感を伝えるリアクション表現はさまざまですが、もっとも基本となるのは、

「わかります」

という超シンプルなフレーズです。例えば相手が、

「昨日久しぶりに近所をランニングしたら、今朝から全身筋肉痛なんですよ」

と話しかけてきたとき、

図⑧ 共感を伝える「それ、わかる法」

表情や口調に「感情を込めながら」共感を表す。

「そうなんですか。それは大変ですね」
「それ、わかります。ベッドから出るだけでもキツいんですよね」

この2つでは、後者のリアクションのほうが、以降の会話に広がりが期待できるでしょう。

「わかります」というフレーズがあることで、「自分も同じ経験があるから、筋肉痛の大変さに共感できる」ことが相手に伝わり、親近感が生まれてくるからです。

また「わかります」に加えて「共感する理由」を提示してもいいでしょう。例えば、相手「昨日久しぶりに近所をランニングしたら、今朝から全身筋肉痛なんです」
自分「それ、わかります。僕も先週、数カ月振りにジムに行って同じ目に遭いました。ベッドから出るだけでもキツいんですよね」

こうした反応によって、より強い共感を相手に伝えることができます。

ただ、共感を示すにしても、まったくの無表情だったり、言い方が単調だったりすると、相手によっては「本当にわかっているのかな」「話を合わせているだけかも」といった不安を感じてしまうかもしれません。

なので、**相手の話やこちらのリアクションの内容に合わせて、表情や口調に「感情を込めながら共感を表す」ことを心がける**といいでしょう。

相手「昨日久しぶりに近所をランニングしたら、今朝から全身筋肉痛なんですよ」
自分「それ、わかります。僕も先週、数カ月振りにジムに行って同じ目に遭いました。ベッドから出るだけでもキッツいんですよねぇ～（痛々しそうな表情と口調）」

芝居がかったオーバーな表現をする必要はありません。それはそれで「わざとらしい」という印象になってしまいます。

この例なら「キツいんですよね」の部分で、「ちょっと顔をしかめる」とか、「キツい」を「キッツい」と強調して言うとか、その程度の感情表現で十分。それだけでも共感の信用度や、共感が伝わる度合いは格段に変わってきます。

興味&関心を伝えるリアクション「それで、それで法」

自分の話に興味津々に耳を傾けてくれる。

身を乗り出すように大きな関心を示してくれる。

楽しそうに「それで?」と先を促してくれる。

——興味や関心を向けられることほど、人を「話したい気にさせる」ものはありません。


実は、それは人間の持つ「承認欲求」とも大きく関係しています。承認欲求とは「重要な人物と認められたい」「自分の価値を肯定的に受け入れてほしい」という欲求のこと。

話に興味を示して「もっと聴きたい」「もっと話していたい」という気持ちを伝えることで、相手は「自分を認めてくれた」と感じ、承認欲求が満たされます。

「もっと聴かせて」と促されて悪い気がする人はいません。当然、気分はよくなります。その結果、興が乗ってきて口も滑らかになり、もっと話したくなる――。

興味を示すリアクションは、会話を盛り上げて相手との関係性を良好にするための非常に重要なコミュニケーションスキルと言えるでしょう。

では「興味や関心を伝えるリアクション」とは具体的にどういうものでしょうか。

まずひとつ挙げられるのは、「話題への興味を示すフレーズを使って返答する」というリアクションです。例えば、

「それ、すごくおもしろそう。もっと詳しく聴かせてください」

「え、それで、そのあとはどうなったんですか？」

「いいですね。実は私も前々から興味があったんですよ」

「楽しそうだなぁ。私も挑戦してみたくなりました」

図⑨ 興味&関心を伝える「それで、それで法」

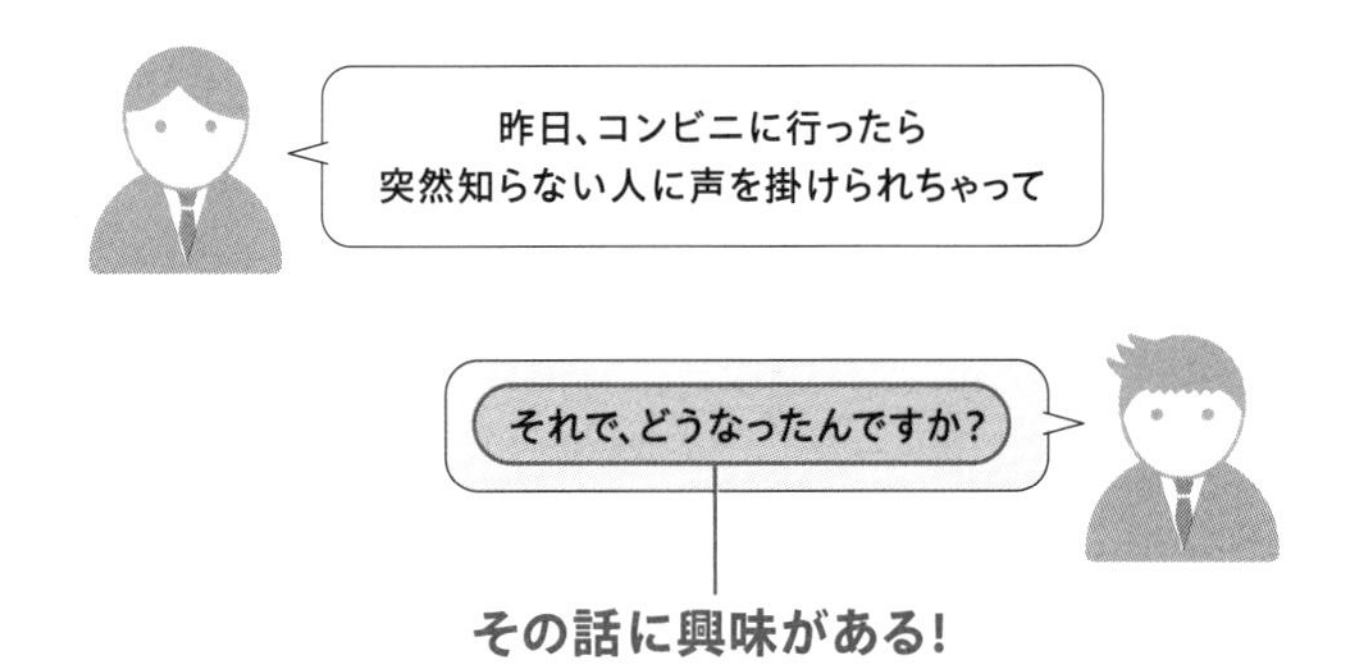

話に興味がある気持ちを伝えると、相手の承認欲求が満たされる。

こうしたリアクションは、**会話のなかで「相手の得意分野」や「積極的に話したそうな話題」が出てきたときに使うと非常に効果的**です。とくに、

「それでどうなりました？」
「どうしてそうなったんですか？」
「○○さんは何て答えたんですか？」

といった質問スタイルのリアクションは、相手が「それに答える」という形で話を続けやすくなるので、より自然な促しになります。

話を引き出して深める「テッパン質問法」

相手の話への興味を伝えて、さらに話を引き出すには「質問スタイル」のリアクションが効果的だということは前項で述べた通りです。

とはいえ、「どんな質問をすればいいのかわからない」と悩む人もいるかと思います。

そこで「誰にでもできて、応用範囲が広くて、なおかつ相手の話を引き出しやすい」という効果的な質問をするための3つの視点を紹介します。それが、

①「5W1H」で質問する

②「き・み・え」の切り口で質問する

③「過去・現在・未来」に沿って質問する

この3つの視点をベースにすれば、相手が答えやすく、話題が広がりやすい質問をすることができるようになります。

①「5W1H」で質問する

5W1Hとは、情報伝達やコミュニケーションにおいて不可欠な、「When（いつ）」「Where（どこ）」「Who（誰）」「What（何）」「Why（なぜ）」「How（どのように）」の6つの要素をまとめたもの。

これを基にした質問ならばどんな話題でもカバーできます。また相手も答えやすく、答えることで話題がより具体性を帯びて深まっていくという、質問の基本です。

例えば、相手が「北海道旅行に行ってきた」という話になったとしましょう。そこで5W1Hの要素を組み合わせて、

相手「この前、北海道旅行に行ってきたんですよ」
自分「へぇ〜、いつ行ったんですか？（When）」
相手「年末年始の休暇を使って」
自分「そうなんですか！　北海道のどこを回られたんですか？（Where）」

相手「今回は稚内から網走、知床方面に行きました」
自分「誰と行ったんですか？（Who）」
相手「子どもも手を離れたので、久しぶりに妻と2人で」
自分「いいですね。向こうでは何をして過ごされたんですか？（What）」
相手「流氷の上を歩く『流氷ウォーク』をやったんですよ」
自分「気持ちよさそうですね。どうして流氷ウォークに興味を持ったんですか？（Why）」
相手「前にテレビで見て、妻とやってみたいねって盛り上がったんですよ」
自分「それは楽しそうですね。流氷の上って、どうやって歩くんですか？（How）」
相手「流氷って分厚いから普通に歩けるんです。めちゃ寒いですけど」
自分「おもしろそうですね」

といった質問を投げかけていくのです。

「相手の話やキーワード（この場合は「北海道」や「流氷ウォーク」）を外さず、そこに質問を投げていく」ことで、会話が途切れることなく先へ先へ、より広く、より深く、進んでいくのです。

図⑩「テッパン質問法」 ① 5W1Hで質問する

5W1Hならどんな話題でもカバーできる。

②「き・み・え」の切り口で質問する

「き・み・え」とは、「きっかけ」「魅力」「エピソード」のこと。コミュトレでも受講生の方に推奨している相手への質問のフレームワークのひとつです。この3つの切り口に沿って質問することで、相手の話を引き出します。例えば、

・き――「ゴルフを始めたきっかけって何ですか?」(きっかけを聞き出す)
・み――「ゴルフはやったことがないですけど、どういうところがおもしろいんですか?」(魅力を聞き出す)
・え――「ゴルフをしていて印象に残っている出来事ってありますか?」(エピソードを聞き出す)

「趣味は何ですか?」といった最初の質問で話題の糸口ができたら、さらに相手の人となりを引き出すような「追い質問」をして話題を広げていきましょう。

①の「5W1H」に加えて、この「き・み・え」の切り口を意識すると、より話題を深掘りすることができます。

図⑪「テッパン質問法」 ②「き・み・え」の切り口で質問する

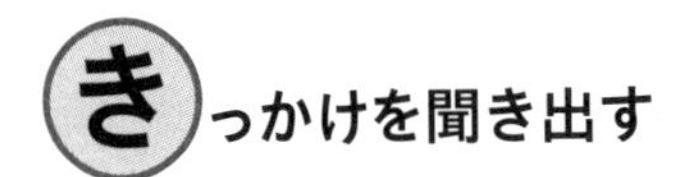

みりょくを聞き出す

「5W1H」+「き・み・え」の切り口を意識すると、より話題を深掘りできる。

③「過去・現在・未来」に沿って質問する

もうひとつは「過去〜現在〜未来」という視点で、「時間軸」を意識しながら質問するテクニックです。具体的には、

・過去についての質問——「どうしてそうなったのか」というきっかけや原因

【例】「○○にハマったきっかけは何だったんですか?」
「どうして○○を選んだんですか?」

・現在についての質問——「今、どうなのか」という現状

【例】「○○の魅力はどんなところですか?」
「○○さんって、今はどんな仕事をしているんですか?」

・未来についての質問——「この先、どうなるのか」という予測や希望

【例】「今後は試合とかにも出場するんですか?」
「この次はどこに出かけてみたいですか?」

相手の話について、こうした3つの視点からの質問をしていくやり方です。例えば、

相手「僕はどっちかというとサッカーより野球が好きかな」
自分「そうなんだ。もしかして学生時代に野球やってました？（過去への質問）」
相手「実は、こう見えても元・高校球児なんですよ」
自分「知らなかった！　今はやってないんですか？（現在への質問）」
相手「今も週末は地域の草野球チームで4番を打ってます」
自分「さすが！　そのうち監督とかも任されたりして（未来への質問）」
相手「いやぁ、頭を使うほうはどうもイマイチで（笑）」

また、

相手「研究開発課の○○さん、この春で異動らしいよ」
自分「そうなの？　彼、研究開発課の前はどこにいたっけ？（過去への質問）」
相手「確か、別会社の研究所に出向してたんだよ」

自分「そうだった。で、今度はどこに行くの？（現在への質問）」
相手「それが、どうやら広報部らしい」
自分「マジで！　まったく畑違いだけど上手くやれるのかな？（未来への質問）」
相手「でもあの人、レポートづくりとか上手だから、意外と適任かもよ」

など、さまざまな会話や雑談シーンで活用できます。

前はどうで、今はどうなっていて、これからどうなっていくのか。この流れに沿った質問もまた、広くさまざまな話題に応用できる汎用性の高いテクニックなので、ぜひ実践してみてください。

図⑫「テッパン質問法」 ③「過去・現在・未来」に沿って質問する

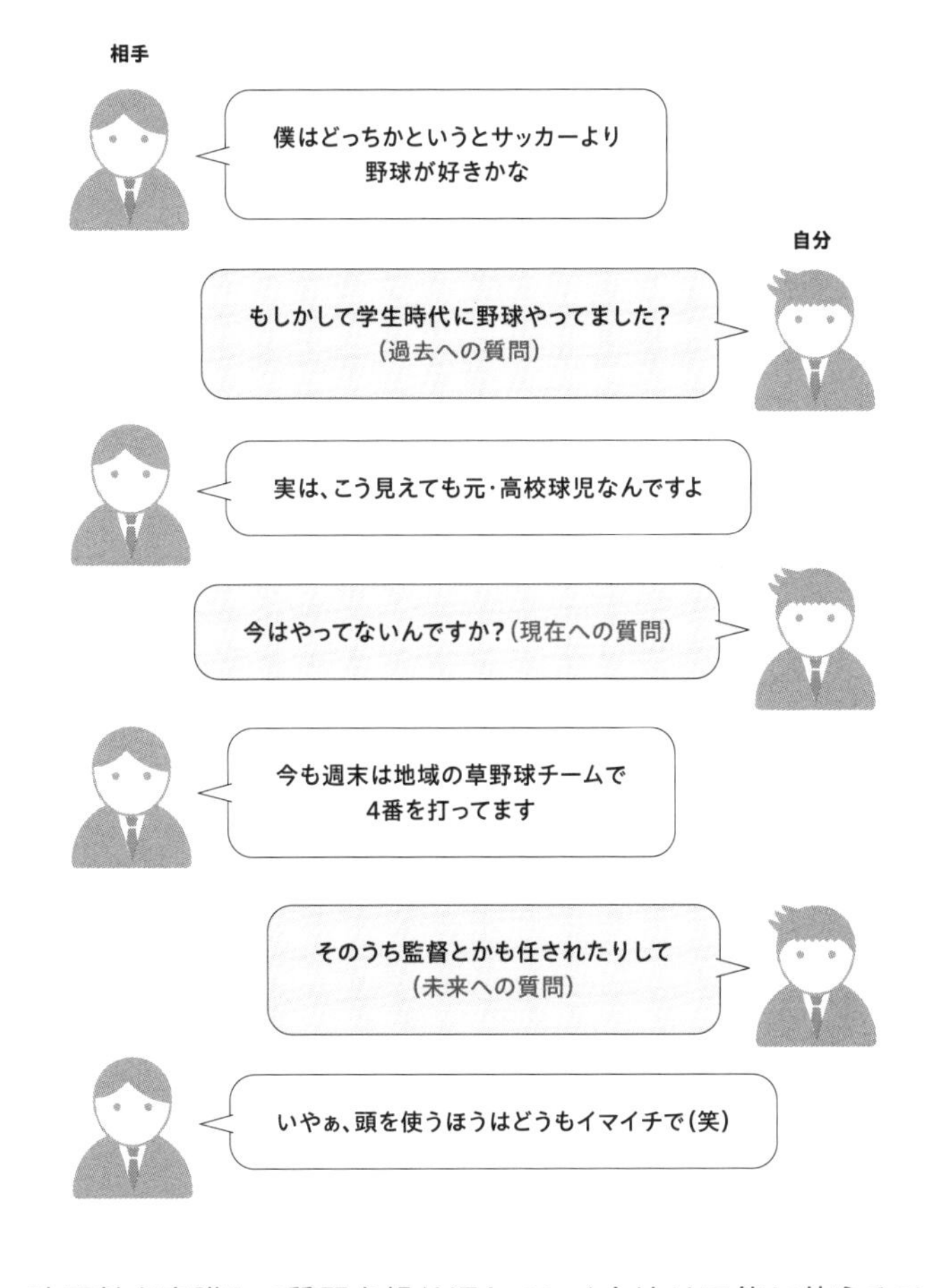

時間軸を意識して質問を繰り返していく方法は万能に使えるテクニック。

よく知らないことこそ、質問の出番「教えて法」

会話をしていて対応に困ってしまうピンチのひとつに、相手の話が「自分のまったく知らない話題」になったときという状況が挙げられます。

韓国ドラマの話を熱く語ってくれているけど、観たことないから全然わからない。

相手の趣味の麻雀の話になったけど、自分はやったことなくて話についていけない。

わからない話を聴いているのはつまらないし、リアクションにも困ってしまう。でもだからといって「知らないので違う話にして」なんて言えない。どうしよう――。

そんなときは、まず「知らないんだから仕方がない」と認めてしまいましょう。そのうえで、「だから、そのスタンスで話を聴こう」と。そういう考え方にシフトチェンジできれば、今度は「知らない」ことが武器になります。

なぜなら**「教えてください」という最強の質問ができるから**です。知らないから、わからないから、質問する。この、ごく自然な会話を展開することができるのです。

実際に、誰かとの会話で提供されている話題を、

①自分も、相手も、両方が知っている話題
②自分は知らないけれど、相手が知っている話題
③自分は知っているけれど、相手が知らない話題
④自分も、相手も、両方が知らない話題

の4つに分けたとき、①の「自分も、相手も、両方が知っている話題」はもちろんですが、②の「自分は知らないけれど、相手が知っている話題」も同じくらい盛り上がります。

理由は、知らない自分が知っている相手に質問することによって、教えを乞われた相手は「自分は頼られている」という承認欲求が満たされるからです。

知らないことを教えてあげられること、自分の話を聴きたがっている人がいること、に話しがいを感じて、より饒舌になってたくさん話してくれるからです。例えば、

自分「○○さんの趣味って何ですか？」
相手「いろいろありますけど、ずっとハマっているのはスキューバダイビングですね」
自分「いつ頃からやってるんですか？」

相手「異動になる前に行った沖縄旅行が最初だから、5年くらい前になりますかね」
自分「へぇ〜、沖縄のどこですか？」
相手「本島にある真栄田岬なんですけど、青の洞窟で有名な」
自分「私はやったことがないんですけど、スキューバダイビングってライセンスが必要なんでしたっけ？　○○さんも持ってるんですか？」
相手「ええ。最初はライセンスが要らない体験ダイビングだったんですけど、すぐに物足りなくなってきて『どうせならライセンスも取っちゃおう』って。で、旅行から帰ってすぐ取得したんです」
自分「海のなかの光景って、やっぱり感動しますか？」
相手「それはもう。非日常の〝青の世界〟のなかできれいな熱帯魚やサンゴ礁を間近に見る醍醐味は、一度潜ったら病みつきになりますよ」
自分「そうなんだ。私もやってみたくなってきたなぁ」
相手「ぜひ挑戦してみてください。絶対に楽しいですよ」

乞われれば、いろいろと教えたくなる。それが「知っている人」の心理なのです。

図⑬ よく知らないことこそ、質問の出番「教えて法」

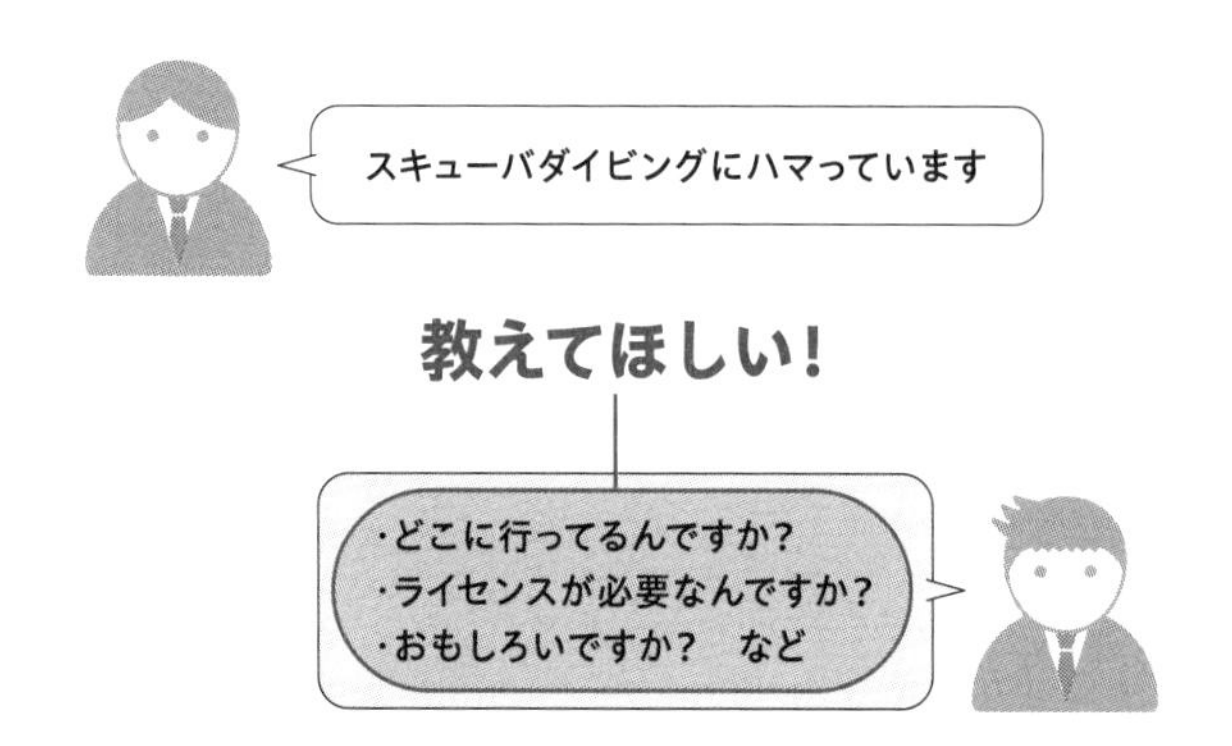

教えを乞われた相手は承認欲求が満たされる。

このときやってはいけないのが、「知ったかぶりをしてやり過ごす」です。適当に話を合わせていても、いつかは必ず〝ボロ〟が出ます。そのときになって「やっぱり知らないです」では恥ずかしいですし、それ以上に、相手に「誠意のない人」「うそをついて話を合わせる人」というネガティブな印象を持たれかねません。

知らないけれど、知らないから、詳しく知りたい、教えてほしい。

この素直な気持ちをそのまま質問にしてぶつけましょう。知らない話題になったら、そのときはむしろ、会話を広げる「チャンス」だと思うべきです。

より共感・興味が伝わる「相づち法」

それでも、具体的なフレーズなんてサッと思い浮かばない。質問を投げかけるのだってまだまだハードルが高い――そういう人でさえも簡単にできる言葉でのリアクション、それが「相づち」です。

相づちとは「相手の話に合わせて受け答えするために発する短い言葉」のこと。刀を鍛える鍛冶職人が、間合いを合わせて交互に槌を振ったことに由来しています。

相づちには、

「はい」「ええ」「へぇ」「お〜」「あ〜」

といったほんのひと言から

「なるほど」「確かに」「ですよねぇ」「すごいなぁ」「マジ？」

のような、やや具体的なワードまで多彩なバリエーションがありますが、**いずれも「あなたの話を、興味を持って聴いています」という〝傾聴〟の意思表示**になります。

また、相づちにはもうひとつ、「会話のリズムをつくる」という役割もあります。

相手の話に調子を合わせて「まさか」「ホントに？」「うわぁ」「さすが！」とタイミングよく相づちを打つと、会話にリズムが生まれて相手はより話しやすくなるでしょう。

そして、「より相手に気持ちよく話の続きを促す」相づちを打つためには、以下の２つのポイントを意識するといいでしょう。

①複数の相づちを組み合わせる

何を話しても「はい」ばかり。どんな話題になっても「へぇ」ばかり。

「昨夜のサッカー日本代表戦、すごい試合だったね。見た？」

「ええ」

「前半は楽勝ムードだったのに、あんな接戦になるとは」

「ええ」

「後半のＰＫがなければ逆転負けだったかもね」

「ええ」


これではせっかくの相づちも逆効果。会話が単調になって、かえって相手に「適当に受け流しているんじゃないのか」という疑念や不安を与えかねません。

そうした事態を回避するには、相手の話の内容に合わせて異なる相づちのワードを組み合わせることです。


「昨夜のサッカー日本代表戦、すごい試合だったね。見た？」

「ええ」

「前半は楽勝ムードだったのに、あんな接戦になるとは」

「ですよね」

「後半のＰＫがなければ逆転負けだったかもね」

「確かに」

こうするだけでもリアクションに変化が出るため、「きちんと聴いた上でリアクションを取っている」という安心感を与えることができます。

また、「『はい』は1回でいい」などと言われるように、「同じ言葉を立て続けに繰り返す」のもNGです。

何を話しても「はいはい、はいはい」では、わざとらしく聞こえたり、人によっては「バカにされている」という印象を与えてしまうことも。

過ぎたる相づちは逆効果になると心得ましょう。

②相づちに感情を込める

相づちは相手の話の内容に合わせて打つもの。ですから「話している相手の感情に合わせて、自分も感情を込める」ことがポイントになります。

例えば、相手が「嬉しかった話」をしたら自分も嬉しそうな表情や声色で、「悲しい出来事」のときは自分も悲しさを表現する表情や声色で相づちを打つようにします。

図⑭ より共感・興味が伝わる「相づち法」

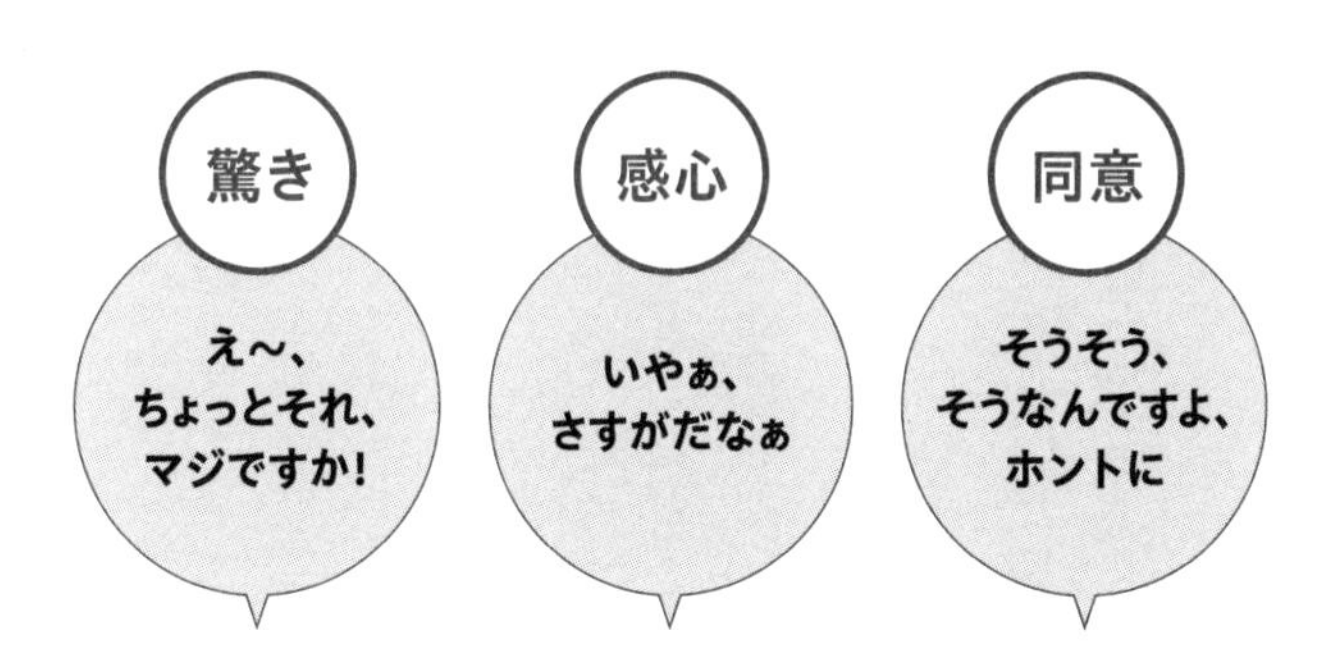

相づちは「あなたの話に興味を持っています」という〝傾聴〟の意思表示。

同様に、自分の感情を素直に表現することも大事です。相手の話に、

・驚いたときは――「え〜、ちょっとそれ、マジですか！」

・感心したときは――「いやぁ、さすがだなぁ」

・同意したときは――「そうそう、そうなんですよ、ホントに」

単なる相づちに「こちらの素直な感情」がプラスされることで、相手の話への興味の伝わり方は格段にアップします。

ここで大事なのは、いくら素直な感情で

あっても「否定しない」こと。話している相手を否定せず、不快にさせず、相づちにポジティブな感情を込める。

ぜひ実践してみてください。

言葉を共有して話を広げる「オウム返し法」

会話を円滑に進めるリアクションとしてぜひ試してほしいのが、相手の話に出てきた言葉を引用してリピートする「オウム返し」と呼ばれるテクニックです。

相手「急に明日から週末まで北海道に出張することになって、今日はバタバタですよ」
自分「北海道に出張ですか。ってことは〇〇社さんとのプロジェクトの件ですね」
相手「ええ。突然、先方の担当局長から『折り入って相談が』って言われちゃって」
自分「そうなんですか。『折り入って相談』って言い方、すごく気になりますよね」
相手「多分、予算がらみの話じゃないかなとは思ってるんですけど」
自分「なるほど、予算か。コロナもあってどこも大変だから、十分あり得ますね」

相手「まあ、話を聞かなきゃわからないから、とにかく『行ってこい』というわけです」
自分「急で大変ですね。気をつけて」

相手が発した「北海道に出張」「折り入って相談」「予算」という言葉をリピートすることで、よりテンポよく会話が広がっていきます。

相手の言葉をオウム返しにリピートするのは、お互いに「同じ言葉を共有」する、つまり「共通言語を持つ」ということ。そうすることで「伝わっている感」や「話が通じている感」が生まれ、親近感が高まっていくのです。

またリピートし、復唱することで、相手に「自分の気持ちを理解し、代弁してくれている」という安心感を与えることもできます。例えば、

相手「昨日は初めての営業先で緊張したけど、上手く契約に結びつきそうなんだ」
自分「初めての営業先って緊張しますよね。でも上手くいったみたいでよかったです」
相手「そうなんだよ。次のアポで一気にクロージングまでいこうと思ってる」
自分「すごいですね。頑張ってください！」

相手の状況や立場などを考慮しながら、「同じ言葉を共有」できれば、相手はこちらに「よき理解者」という印象を持ってくれるでしょう。

ただし相づちと同様に、オウム返しもやり過ぎや多用には注意が必要です。リアクションのたびにいちいちオウム返しを繰り返すばかりだと、逆に機械的な対応のような印象になったり、ときには「しつこい」と感じさせてしまうこともあります。

オウム返しをする際は、相手が「共感」を求めている部分をピンポイントでリピートするように心がけましょう。例えば、

自分「お疲れ様です。今日は午前中、半休だったんですね」
相手「昨日までプレゼンの準備で忙しくてね。ここ3日間、毎日終電ギリギリまで作業してたので、さすがに今日は午後からと思って……」

というケースなら、

「そうですか、プレゼンの準備をしてたんですね」

よりも、

「え、3日も終電ギリギリだったんですか？　それは大変でしたね」

と、相手がより共感を求めているであろう部分をオウム返しするほうが、親近感は深まりやすくなります。

さらに、相手の言葉を「そのままリピート」ではなく、「少しだけ自分流にアレンジして返す」というオウム返しの技もあります。例えば、

相手「昨日までプレゼンの準備で忙しくてね。ここ3日間、毎日終電ギリギリまで作業してたので、さすがに今日は午後からと思って……」

自分「3日間も終電帰りは大変だ。でも今朝は思い切り寝坊ができたんじゃないですか」

図⑮ 言葉を共有して話を広げる「オウム返し法」

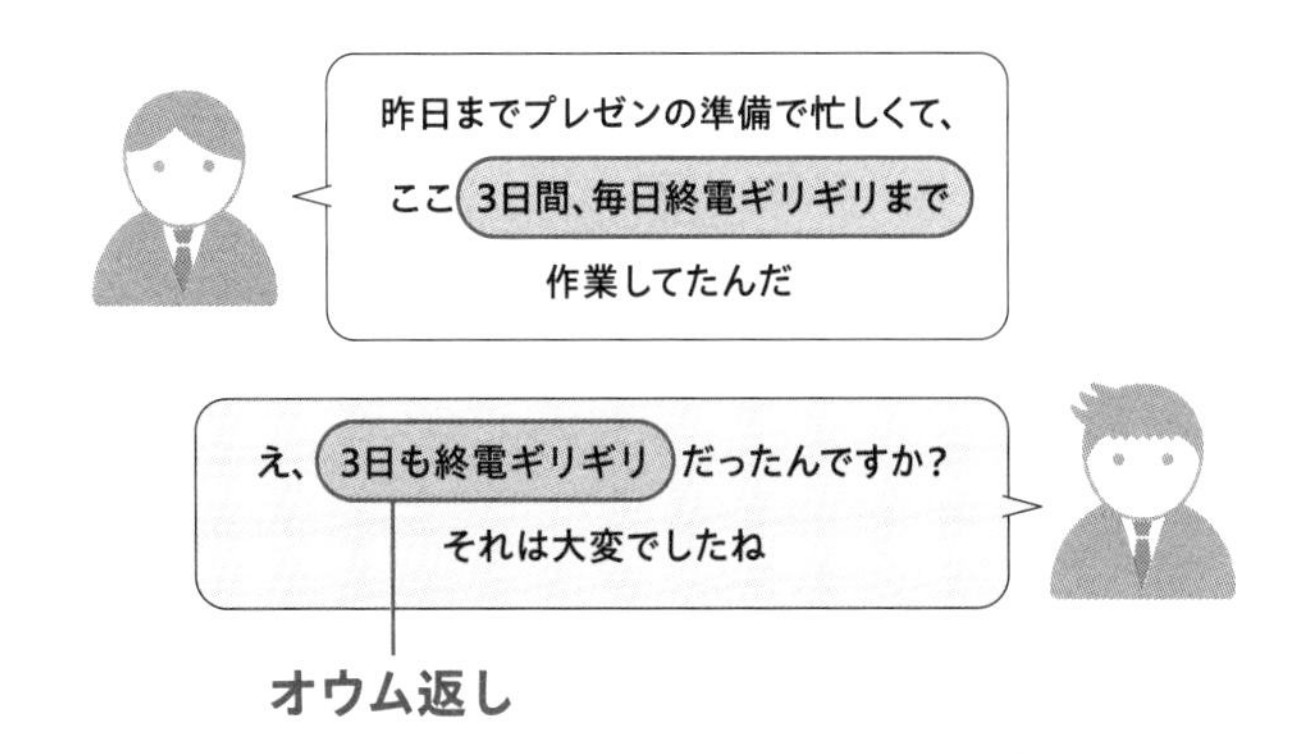

相手がより共感を求めているであろう部分をオウム返しする。

相手の「さすがに今日は午後から……」をちょっとアレンジして「午後からなら寝坊ができたでしょう」という表現に言い換えただけですが、それだけでも相手は「自分の話にすごく共感してくれている」という気持ちをより強くするはずです。

またその際には、肯定的でポジティブなニュアンスでアレンジすることがポイントです。

A「午前の半休だけで丸一日休めないいんじゃや、疲れも取れないでしょう」

B「それだけ頑張ったら、そのプレゼン、きっと上手くいきますよ」

A、B、両者のリアクションが相手に与える印象は大きく違ってきます。Aのリアクションだと、せっかくの前向きな会話が一気に興ざめしてしまいかねません。共感してほしい部分を否定してしまうと、相手の会話のテンションも下がってしまうでしょう。

相手の言葉を活用して話を広げるオウム返し、「共感」と「肯定」そして「多用に注意」を心がけて実践してみてください。

言葉だけでなく「体」でも反応する

——ノンバーバル・リアクション

面と向かっての会話で交わされているのは言葉だけではありません。そこではお互いの「表情」や「体の動き」といった言葉以外の情報もやり取りされています。

図⑯のグラフは、会話というコミュニケーションにおいて、言語・聴覚・視覚の情報が食い違った場合、どの情報が重視されるかの割合を示したものです。

図⑯ ノンバーバル・リアクションの重要性

〔 話し手に与える影響力の割合は？ 〕
（メラビアンの法則）

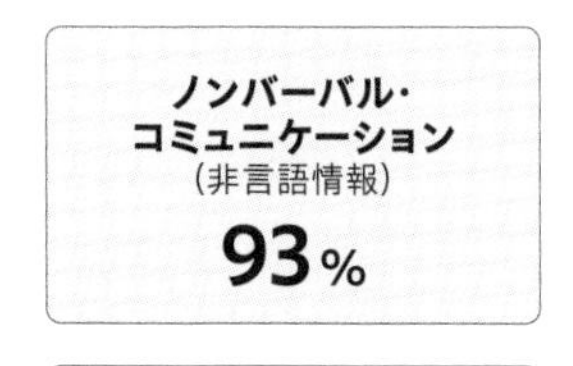

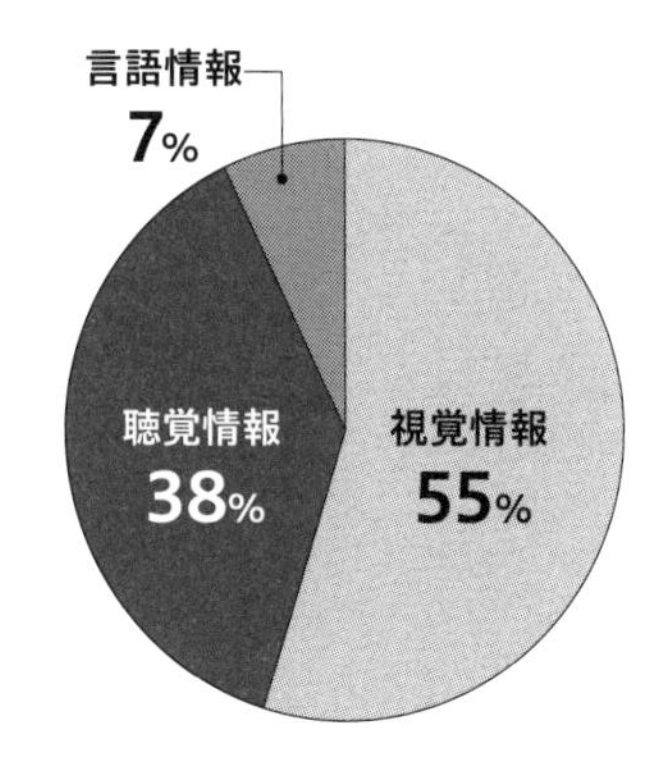

このグラフによれば、もっとも重視される要素が**「視覚情報」で全体の55%**、次いで**声のトーンや口調などの「聴覚情報」が38%**と、両者だけで大半が占められています。一方、**実際に話されている言葉による「言語情報」はわずか7%**です。

つまり、「言葉と態度が違うと、態度のほうを信用する」ということ。これが、かの有名な「メラビアンの法則」です。

言葉によるコミュニケーションは「バーバル・コミュニケーション」、対して、言葉以外の要素によって行われるコミュニケーションは「ノンバーバル（非言語の）・コミュニケーション」と呼ばれています。

メラビアンの法則に従えば、お互いが理解し合える会話をするためには、「ノンバーバル・コミュニケーション」が非常に重要な意味を持つと言えるのです。

例えば、相手の話に対してリアクションするとき、まったくの無表情で、しかも相手の目を見ないまま、「その話、おもしろいですね」と言ったら、相手はどういう印象を持つでしょうか。

「本当にそう思っているのか？」
「社交辞令で、仕方なく言っているだけじゃないのか？」
「心にもないことを――」

などと疑心暗鬼になってしまうでしょう。

なぜなら、**いくら言葉では興味がありそうなことを言っていても、表情や動作などのノンバーバル（非言語）な部分が、その言葉を否定しているから**です。

逆に、大好きな人の前に出ると、口ではどんなに「嫌い」「興味ない」と言っていても、表情が緩んだり、声が上ずったり、落ち着きがなくなってソワソワしたりして、それだけで「大好き」なのがバレバレ――。そんな甘酸っぱい経験がある人もいるのではないでしょうか。これもまた、ノンバーバル・コミュニケーションのなせる業と言えます。

言葉は繕えても、体は正直。だからこそ会話には、言葉以上にノンバーバルなリアクションが求められます。あれこれ言わずとも、相手の話に表情や動作で反応すれば、それだけでお互いにわかり合える会話が成立するのです。

ノンバーバル・リアクションの基本①
――安心感を伝える「笑顔&アイコンタクト」

話がおもしろいか、つまらないか。
その話に関心があるか、ないか。
もっと聴きたいか、もう勘弁してほしいのか――。

人の感情は真っ先に「顔」に出ます。能面のような仏頂面をされたら、誰でも「つまらない？」「無理して聴いてる？」と不安になるでしょう。

そうなったら会話はほぼ〝ジ・エンド〟です。

話を聴くとき、リアクションするときの表情は、会話の雰囲気を大きく左右する重大な要素だということです。

では、どんな表情をすればいいのか。答えは単純明快。

「笑顔で聴く」こと、これに尽きます。

自分が話をする側の立場になって想像してみてください。

ニコニコと微笑みながら聴く人と、ムスッとした仏頂面で聴く人。楽しい会話ができるのはどちらでしょうか——。答えは、言うまでもないでしょう。

また、同じ言葉でも、表情ひとつで与える印象が大きく左右されてしまいます。例えば「その話、おもしろいですね」というリアクションにしても、

・笑顔だと「本当におもしろいと思ってくれている」

図⑰ リアクションひとつで相手への印象が変わる

① 笑顔で聴く

② 無表情で聴く

笑顔か、無表情かで「気持ちの伝わり方」が変わる。

・無表情だと「本当はつまらないんじゃないか」

そう思えてくるのが人情というもの。リアクションが笑顔か、無表情かで「気持ちの伝わり方」には天と地ほどの違いが生まれてしまうのです。

ニコニコとした微笑みや柔らかな笑顔は、「あなたのことを、あなたの話を、好意的に受け入れている」ことを伝える、シンプルで非常に強力なリアクションです。

ただ、この「笑顔」がなかなかのクセ者で、「笑顔ってどうすればいいのかわからない」「表情が硬く、ぎこちなくなる」という人も多いでしょう。そこで、笑顔になるために意識すべき基本的なポイントを3つ紹介します。

全身の力を抜く

顔の力だけを抜くのはなかなか難しいもの。体全体をリラックスさせれば、自然と顔の筋肉もほぐれてきます。

口角をそっと上げる

顔がこわばると口が「への字」や「真一文字」になりがち。意識して口角を上げるようにしましょう。ただし力まず、そっと。「ほんの気持ち」上げるくらいで十分です。

相手の話に興味を持つ

感情が顔に出るのが人間である以上、結局は、このひと言に尽きます。相手の話をおもしろがる気持ちこそが、笑顔をもたらします。

今一度、「相手の話を聴くときは、笑顔が基本」を意識するように心がけましょう。

ノンバーバル・リアクションの基本②
――納得と共感を伝える「うなずき」

相手の話に合わせて「うん、うん」「ふむ、ふむ」とうなずく動作は、会話におけるスタンダードなノンバーバル・リアクションのひとつ。「首を縦に振る」という極めてシンプルな反応ながら、意思伝達サインとしていくつもの役割を担っています。

「確認」を伝えるサイン

うなずきは、言葉とは別の形で「あなたの話を聴いて、理解しています」「あなたの話を受け止めています」と伝えるためのリアクションのひとつです。

「うん、うん」とうなずきながら聴いている姿を見せることで、話している相手は、「自分の話がちゃんと伝わっている」ことを確認できるのです。

私自身、経営者という立場もあって、イベントやセミナーなど大勢の人の前で話をする機会が少なくありません。そういう場にもかなり慣れてはきましたが、それでもいまだに、話していて「ちゃんと伝わっているだろうか」「的外れなことを言っていないだろうか」などと不安になることがあります。

そんなとき、みなさんが私の話に「うん、うん」とうなずくリアクションをしてくれると本当にホッとします。「大丈夫、伝わっている」と確認できて安心するのです。

そういう意味で、**聴き手の「うん、うん」といううなずきは、話し手への気遣いであり、心の支えにもなる非常に大切なノンバーバル・リアクション**と言えるでしょう。

「納得（理解）」を伝えるサイン

うなずく動作には、言外に「なるほど」「確かに」など、相手の話を理解し、納得していることを伝えるサインとしての役割もあります。

相手「でもね、僕は『そういう言い方はよくない』って思うんだよ」
自分【うなずく】——（確かに、そうだよね）
相手（あ、わかってくれてる）
「でしょ？　そうは言っても相手は上司なわけだから」

自分　【うなずく】――（言っていることはよくわかる）

相手が強く感情を表したときや、話の核心を述べたときに首を大きく振って「深く」うなずくと、相手は「自分の話を理解してくれた」と感じて、より饒舌になるのです。

「共感」を伝えるサイン

さらに、「わかる、わかる」「同感です」といった共感を表すノンバーバル・リアクションとしても作用します。

相手「実は、新しいプロジェクトのメンバーに立候補したんですよ。ゼロから立ち上げる仕事っておもしろいし、やりがいもありそうじゃないですか」

自分【深くうなずく――】（わかる、すごくやりがいがありそうだ）

相手（でしょ。やっぱりそう思いますよね）

「それにいろんな部署からメンバーが集まるから、そういう人と仕事するのもいい刺激になるかなって」

自分【小さくうなずく――】（うん、私もそう思う）

共感を表すうなずきには「話の続きを促す」作用があり、それを見た相手は「同意してくれている」「気持ちをわかってくれている」と感じて、こちらに対する仲間意識や親近感が生まれやすくなります。

このように、相手の話に「うなずく」リアクションだけで、「自分の話を肯定的に聴いてくれる人」という信頼感や安心感を持ってもらえます。

また、ずっと同じテンポでうなずくのではなく「深いうなずき」と「小さなうなずき」を織り交ぜて納得や共感を伝えてください。

このときに大事なのは、**「相手の顔を見てうなずく」**ことです。顔も向けず、目も見ず、ましてやスマホを操作しながら、「うん、うん」とうなずいたところで、それはリアクションを取ったことになりません。

顔を上げて相手に向いて、話に合わせて深く、ときに小さく。その**「うなずき」は、言**

葉にせずに相手への理解を示し、話したい気持ちを後押しして会話を盛り上げる〝ノンバーバル・リアクションの基本〟なのです。

ただ、最近の人たちは会話のなかであまり「うなずき」をしていないように思えます。いちいち「うん、うん」「ふむ、ふむ」とうなずくことが〝わざとらしい〟オーバーリアクションに見える。そうした行為自体に面倒くさい、カッコ悪いといったネガティブなイメージがあるのかもしれません。

また、「うなずき」が大事だと思っていても、複数人が参加する場合などには、ついうなずくことを忘れてしまうこともあるでしょう。

しかし、相手にノンバーバルで納得や共感を伝えるための効果的な手段として「うなずき」は欠かせません。

さらに、先般のコロナ禍を機に増えているオンラインでの会話では、「目に見える体の動き」によるコミュニケーションがより重要になります。

体を使ってコミュニケーションを図ることは、決して恥ずかしいことでも、カッコ悪いことでもありません。ネガティブな声に流されず、うなずきを有効活用して日々の会話を充実させてほしいと思います。

第4章

周囲の評価が爆上がりする「ビジ・コミュの技術」

「情報伝達」のスキルを磨けば、評価は大きくアップする

ここまで解説してきた「個人的な経験や感情を共有する何気ない会話＝雑談」は、人間関係の潤滑油という意味でもビジネス・コミュニケーションのひとつとして不可欠なものです。

とはいえ、ビジネス・コミュニケーションスキルの中でも、とくに評価に大きく影響するスキルが、仕事上のフォーマルな「情報伝達」であることは言うまでもありません。

第1章でも述べたように「一緒に働きたい」と思われるためには、仕事における信頼感も求められます。そしてその土台となるのが、「わかりやすく、簡潔に仕事の情報伝達ができる」という、ビジネス・コミュニケーションスキルなのです。

職場における情報伝達の場面はさまざまですが、代表的なものとしては、

・上司への「報・連・相」
・同僚への「仕事の依頼」

の2つのシチュエーションが挙げられます。いずれも組織のなかで円滑に業務を遂行するためには不可欠なコミュニケーションです。

これらの情報伝達がスムーズに行われれば、組織のなかで仕事の進捗状況や問題点などを迅速かつ正確に共有できます。その結果、上司の状況把握や意思決定、現場業務が効率よく行われ、ミスやトラブルも防止できるなど、組織に大きな好影響がもたらされます。

また「その人の優秀さは、情報伝達の仕方でわかる」などと言われることもあるほど、**情報伝達としてのコミュニケーションの巧拙は、その人自身の評価に直結**します。

同じように会話をしても、「いつも話が要領を得ない人」と「いつも簡潔でわかりやすい人」とでは、上司や周囲の人たちの評価が大きく変わってくるのです。

それは言葉を変えれば、情報伝達スキルを磨くことが、職場での評価の〝爆上げ〟に大きくつながるということ。

ひいては、上司にとっての「安心して仕事を任せられる人」、同僚にとっての「一緒に働きたい人」「いてもらわなければ困る人」になる近道ということでもあります。

そこで本章では、すべてのビジネスパーソンに必須の「的確で効率的な情報伝達」の基本となる心構えと実践ポイントを解説していきます。

情報伝達としてのビジネス・コミュニケーションは「まず要点」が基本

「ちょっと何を言っているかわからない」「それで結局、何が言いたいの?」「もっとわかりやすく伝えて」——。上司に報告をする、同僚に連絡や説明をするといったビジネス現場でのコミュニケーションで、こんなふうに聞き返されてしまうことはありませんか。「自分では一生懸命に話しているつもりなのに、わかりやすく伝えられない」と悩むビジネスパーソンは少なくありません。

そもそも、情報伝達における「わかりやすさ」とはどういうことなのでしょうか。実は、答えはものすごくシンプルで、どんな複雑な内容であっても押さえるべきポイントはたったひとつ、

「最初に伝えたいこと。それから詳細」

という順序を意識して話すことです。「最初に伝えたいこと」とは、具体的には、

・結論――最終的にもっとも伝えたいこと
・要点――話中の長くて複雑な部分を簡潔にまとめたもの

の2つにあたる部分になります。

何が言いたいの?と聞かれてしまう人が陥りがちなのが、「伝えなきゃと思う情報を、最初から順番に羅列するだけ」という落とし穴です。

「会社に着いて予定表を見たら、A部長とB主任が『午前中は得意先に直行』になっていたので、たぶん2人とも戻るのは午後イチになると思います。他のメンバーは揃っているのですが、全員揃っているときのほうがいいと思うので、11時から予定していたミーティングは延期にします」

この連絡、すごくわかりにくいと思いませんか。なぜなら話の最後にならなければ「11時からのミーティングは延期」という結論が出てこないからです。

それ以外の付随情報をすべて話されても、相手は混乱するだけで、肝心の「で、結局のところミーティングはどうするの?」という結論が何なのか伝わりにくくなります。

さらに言えば、「ミーティングは延期」という結論に至った、

「会社に着いて予定表を見たら、A部長とB主任が『午前中は得意先に直行』になっていたので、たぶん2人とも戻るのは午後イチになると思います。他のメンバーは揃っているのですが、全員揃っているときのほうがいいと思うので――」

という「理由の説明」の部分もゴチャゴチャしている感があります。なぜなら「要するにどういうこと?」という話の要点がわかりにくいからです。

それならば、

「11時から予定していたミーティングは延期にします。理由ですが、A部長とB主任が『得

意先に直行』で午前中は不在のためです。全員が揃わないと――」

にしたらどうでしょう。話の最初で「延期にするという結論」と「部長と主任が不在という理由の要点」が明確に伝わるため、格段にわかりやすくなります。またわかりやすくなれば、その分だけ聞き間違いや誤伝達といったリスクも激減します。

コミュトレの受講生からも、「『伝えたいことから先に話す』ことを意識し、それを徹底するようになってから、『何が言いたいの？』という反応がぐっと減って、自分の説明力に自信を持つことができた」という声が数多く寄せられています。

いちばん伝えたいことを、いちばん最初に話す。それが「理路整然とわかりやすく伝える」情報伝達の極意なのです。

評価される人はやっている「報・連・相」4つのポイント

職場における情報伝達シチュエーションのなかでもとくに重要視されるのが、「部下から上司へ」というベクトルで行われるコミュニケーションです。

そして、上司と部下との間で行われる代表的なビジネス・コミュニケーションと言えば、多くの人が思い浮かべるのは、「報・連・相（報告・連絡・相談）」でしょう。具体的には、

報告――【概要】上司や先輩に対して業務の進捗状況や結果を伝えること。
【時間軸】過去――これまでに何があったか。
【最初に伝えること】結論（最終的に経過や結果はどうなのか）。

連絡――【概要】情報を関係者や必要な人に伝えること。
【時間軸】現在――今何が起きているか。
【最初に伝えること】要点（連絡事項の詳細を簡潔にまとめる）。

相談――【概要】判断に迷ったときや意見を聞きたいときに指示やアドバイスを仰ぐこと。
【時間軸】未来――これから何がしたいのか。
【最初に伝えること】結論（最終的に何を相談したいのか）。

報・連・相を行う際、何よりも重要なのは「わかりやすさ」と「正確さ」です。

場を和ませ、打ち解けるための雑談と違って、ビジネスをスムーズに進めるためのフレー

ムワークのため、些細な行き違いや伝達ミスが業務の混乱や停滞、ときには重大な事故を引き起こす原因になる恐れもあるからです。

逆に言えば、常に的確で簡潔な報・連・相ができれば、組織やチームの業務効率の向上に貢献でき、上司や同僚からも信頼を得ることができるでしょう。

ここからは、わかりやすくて正確な情報伝達としての「報・連・相」をするために、常に意識しておくべき4つの要素を挙げていきましょう。

ポイント① テーマを明確にする

上司に、業務に関する報告をするときは、まず「何についての報告なのか」というテーマを明確に述べましょう。

「課長、すみません。先日の件なのですが——」

この伝え方では、上司は「何についての報告なのか」、それ以前に「これは報告なのか、連絡なのか、相談なのか」さえ判断できないでしょう。

上司や上長という立場の人は、常に複数の案件を抱えているもの。ただ「先日の件」では、「ちょっと待って。先日の件って、どの件?」となってしまいます。この場合なら、

「課長、すみません。先日打ち合わせた○○の件の進捗状況を報告したいのですが――」

と、最初に「報告のテーマ」を明確に伝えるようにします。そうすることで、上司は「ああ、あの件のことか」と理解し、集中して話を聴く態勢をつくることができます。

ポイント② 先に結論・要点、次に詳細を伝える

本章の冒頭近くでも説明したように、情報伝達の基本は「いちばん最初に、いちばんの核心を伝える」ことにあります。とくに報・連・相の場合は、

まず「結論・要点」→次に「詳細情報」

報告と相談では「結論」が先。連絡では「要点」が先。この順序で伝えることで、聴き手は伝達内容を理解しやすくなります。例えば、以下の報告を比較してみてください。

「今日昼休み中にD社の○○様から電話があって、来週12日の打ち合わせの開始時間を10時から15時に変更してほしいとのことでした。急に午前中に全体会議が入ってしまったようです。そのあと××様が電話に出て、その打ち合わせに△△部長が出席できなくなったとおっしゃってました。代わりに出席されるのは◇◇副部長になるそうです――」

起こった出来事をただ順番通りに話しているため、話が無駄にダラダラと続き、いちばん伝えたい重要なポイントがどこなのかわかりにくくなっています。この報告でもっとも伝えたい「結論」と「結論を支える情報」は、

【結論】打ち合わせの開始時間を15時に変更する。
【情報】△△部長に急な会議が入った。◇◇副部長が代理で出席。

それを踏まえて、こうしたらどうでしょうか。

「来週12日のD社様との打ち合わせですが、開始時間を10時から15時に変更してほしいとのことです。先方からは2点の連絡が来ています。1点目はその打ち合わせに△△部長が欠席されること。2点目は、代わりに副部長の◇◇様がいらっしゃるとのことです。時間の変更についてですが、午前中に急な全体会議が入ってしまったそうです」

最初に、「来週12日の打ち合わせについて」というテーマがあり、次いでこの報告の最終結論である「打ち合わせの開始時間を15時に変更」が述べられています。
次に、連絡事項として「△△部長が欠席」「代わりに◇◇副部長が出席」という情報が簡潔に述べられています。

「結論・要点→詳細」という順序で話されているため、上司もいちばん重要なポイントを聴き漏らさずに報告内容を理解できるでしょう。

結論は、「話のなかでもっとも伝えたい最終的な着地点」なので、基本的には「ひとつ」

図⑱ 報告、相談は相手の理解しやすいように!

×

今日、昼休みにD社の○○様から電話があって、
来週12日の打ち合わせの開始時間を～
(状況説明の羅列が続く)

○

来週12日のD社との打ち合わせですが、
開始時間を15時に変更してほしいとのことです。
理由は～(整理されていてわかりやすい)

先に結論・要点を伝えることで、相手は重要ポイントを聴き洩らさない。

に絞られます。

一方、話中の詳細な話をまとめる「要点」はひとつとは限りません。むしろ要点は複数あることのほうが多いのですが、多すぎるとかえって話が混乱する恐れがあります。

そのため複数の要点を伝えるときは、情報を分類・整理することが大事になります。

先の例の場合なら、「お伝えしたいことは○点」というように、まず要点の数を伝え、次に「1点目は――」「2点目は――」とそれぞれの要点の詳細を伝える。そうすることで、複数の要点に「タグ」がついた感じになって内容が分類・整理され、聴き手は話の全体像をつかみやすくなります。

ポイント③　5W2Hで具体的に伝える

②における要点の詳細情報を伝える際には、できるだけ簡潔に、的確に、そして具体的に話すように心がけましょう。

そのためには、これもコミュニケーションの基本フレームワークである**「5W1H：いつ（When）、どこ（Where）、誰（Who）、何（What）、なぜ（Why）、どのように（How）」に、数的要素を表すもうひとつの「H（How much／How many）」を加えた「5W2H」を用いて情報内容を整理することをおすすめします。**

例えば、

×「○○プロジェクトの企画書の件ですが、本日実施予定だったミーティングが延期になりました。早めに仕切り直したいのですが、なかなかメンバーが集まらないので作業があまり進んでいない状況です」

これでは、「いつ」や「誰」、「なぜ」「何」「どのくらい」で表現されるべき具体的な情報が大幅に不足しています。そこで、

○「○○プロジェクトの企画書の件ですが、今週は（When）進捗50％（How much）で終えることになります。理由は主要メンバーのAさん（Who）が出張でミーティングが開催できないためです（Why）」

このように「5W2H」を活用し、さらに「要点（結論）→詳細」の順序で伝えることで、報告を受けた上司は現状を把握しやすくなります。

ポイント④　客観的な事実を伝える

ビジネスにおける報・連・相では、「事実情報」を伝えることも意識すべき大切な要素になります。ここで言う事実情報とは、具体的には、

・自分の考え（主観）や感情、推測を入れない情報
・数字やデータで提示できる情報
・自分で勝手に省略や歪曲をしていない情報、つまり何のフィルターもかかっていない「客観的な事実」

を指しています。

仕事の現状や進捗状況を報告するときは、主観が入った情報と客観的な事実情報とを切り分けて考える必要があります。ビジネスの報・連・相で上司が求めているのは、当然、後者の客観的な事実情報です。

ところが報告や連絡の内容に「～のはずです」「私は問題ないと思うのですが～」といった個人の感情が入ってしまうと、そのフィルターが邪魔をして、上司は正確な状況を読み取ることができなくなります。

判断に迷っていることの相談にしても、そこには客観的な事実情報が求められます。

×「この企画書ですが、進め方で悩んでいるんです。6割ほどできてはいるんですが、このままでいいのか不安になってしまって——。もう少し修正したほうがわかりやすいかなと思うんですが、提出期限も近いし——」

○「この企画書ですが、進め方で悩んでいます。6割ほどできてはいるんですが、フォントサイズやレイアウトに細かい修正が必要な箇所が目立っています。提出期限まであと1日なのですが、一度、できている部分の修正を済ませてから進めるのと、最後まで仕上げてからまとめて修正するのと、どちらがいいでしょうか？」

相談する側が自分の感情ばかりを押し出すような伝え方をすると、何を相談されているのか、何に対してアドバイスすればいいのかがわからなくなってしまいます。

ビジネスの現場にいれば、上司に「報・連・相」を行う機会は毎日、必ずと言っていいほど訪れます。その際、常にこれら4つの要素を意識する習慣をつければ、上司とのコミュニケーションは着実に変わっていくはずです。

「相談できる」のも大切なビジ・コミュスキル
――相談が苦手な人の傾向と対策

仕事を効率よく進めるために不可欠な「報・連・相」ですが、実は多くのビジネスパーソンが「報告や連絡以上に難しい」と感じているのが「相談」です。

コミュトレの受講生から得た声・情報を基にした分析結果でも、

「『何でも聞いて』と言われるけれど、つい遠慮してしまう」

「仕事の相談をしたら、『デキないヤツ』だと思われそう」

「上司に『どうしたらいいですか』なんてカッコ悪くて聞けない」

といった声が寄せられています。

ただ逆に、上司の側にも、

「こんなことになる前になんで相談してくれないんだ」

「相談してくれたら、もっといい結果になっていたはずなのに」

など、「部下が相談してくれない」という悩みの声があるのも、また事実です。

上司は豊富な経験やスキルを持っているビジネスパーソンとしての先輩でもあります。仕事上の迷いや悩みにぶつかったとき、上司に相談することで早期解決につながるアドバイスを得ることもできます。そうすれば日々の業務はこれまで以上に円滑に進むはず。

ところが「相談できない」からと自分1人で仕事を抱え込んだり、相談すべきときに相談せずに自分の判断だけで仕事を進めたりすると、結果的に仕事が停滞したり、ミスをして仕事に遅れが出たりする恐れもあるのです。

「上手な相談」は、上司との関係性や連携を深めながら、仕事を円滑に効率よく進めるための非常に重要なコミュニケーションスキルと言えるでしょう。

「上司に相談するのが苦手」という人には共通する傾向があります。そこで、相談できない人の3つの傾向と、それに対応したマインドチェンジのヒントを紹介しましょう。

傾向①　上司に遠慮がある

「上司がいつも忙しそうだから相談しにくい」「仕事の邪魔をしては申し訳ない」と思って、つい二の足を踏んでしまうケース。

マインドチェンジ

・忙しそうで相談しにくい

↓「相談して自分の仕事を早く進めるほうが、上司にとっては助かる」と考える。

相談しなかった結果、ミスやトラブルが発生したら、上司には、それを解決するために相談に乗ってもらう以上の時間を使わせてしまいます。ならば最初から上司に相談して的確に仕事を進めるほうが、結果として上司に迷惑をかけないことになります。

また、事前にアポを取る、相談内容をまとめておくなど、上司の時間を無駄にしないための気遣いも大事です。

傾向②　上司の評価を気にしすぎている

「こんなこともわからないのか」「仕事がデキないヤツ」と思われて、自分の評価が下がることを恐れて相談できないケース。

マインドチェンジ

・デキないヤツと思われたくない

↓「わからないことを相談してくる部下のほうが、上司からの評価が高い」と考える。

わからないことを聞くのはカッコ悪いと思うかもしれませんが、相談せずにミスをするほうが確実に評価は下がります。仕事について相談するのは真摯に熱心に、積極的に取り組んでいる証し。上司も相談されたほうが嬉しいものです。

傾向③　責任感が強すぎる

「自分に任された仕事は、すべて自分でやりきらなければいけない」という責任感の強さゆえに、相談できなくなってしまうケース。

マインドチェンジ

・「自分の仕事は自分でやらなきゃ」
↓「1人で背負わず、相談すべきは相談して仕事を完遂するのが自分の責任」と考える。

自分に任された仕事とはいえ、すべてを1人で抱えこむ必要はありません。パンクして仕事が止まってしまったら本末転倒。自分だけで解決できないことは周囲の手を借りながら仕事を進める。それが部下の責任です。

図⑲ 上司に上手く相談するためのマインドチェンジ

①上司に遠慮がある場合

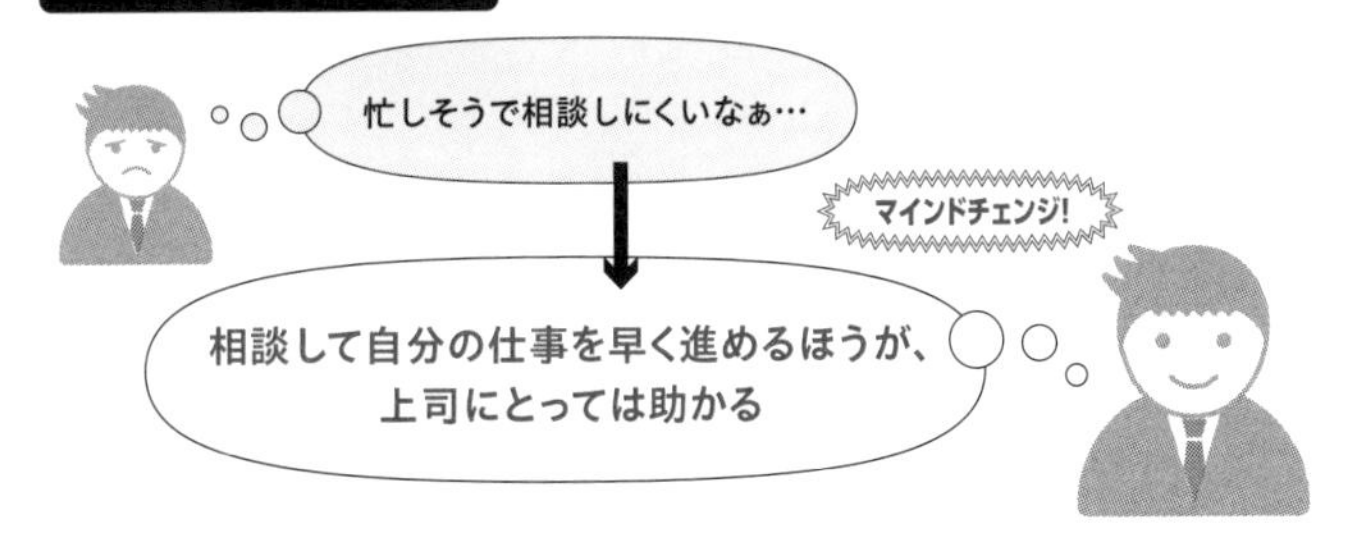

②上司の評価を気にしすぎている場合

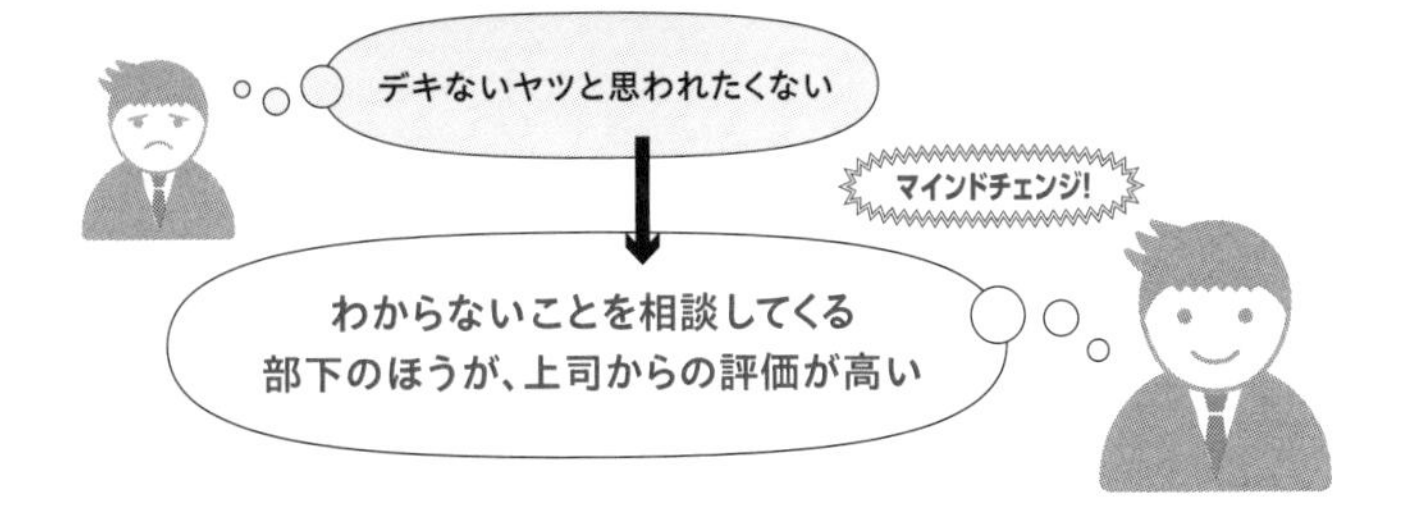

③責任感が強すぎる場合

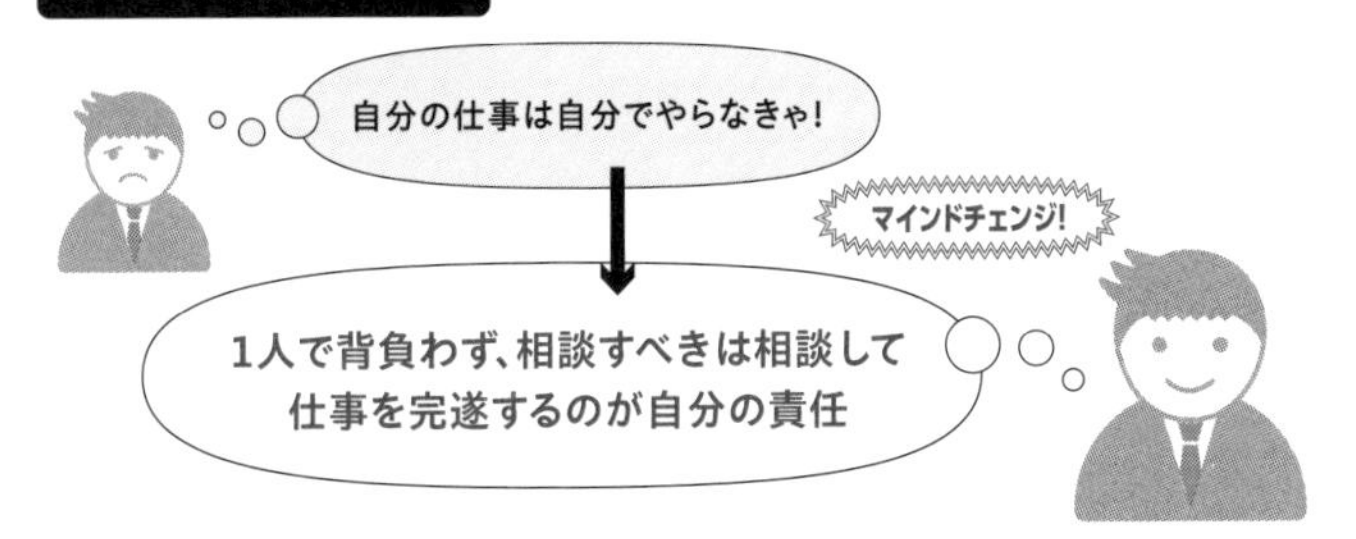

「上手な相談」は、仕事を円滑に進めるための重要なスキル!

「手ぶらで相談」はNG。すべて上司に丸投げしない

何でも相談しろというから相談したら、「そのくらいは自分で考えなさい」と言われて、戸惑ってしまった——そんな経験はありませんか。

こうした矛盾したことを言う上司もいるでしょう。真摯に相談を持ちかけてきた部下にそっけない態度をとる上司では、相談できないではなく「相談したくない」気持ちになるのもよくわかります。相談が難しいのは、部下側だけの問題ではないということです。

ただし、です。一方で「そのくらいは自分で考えなさい」という上司の言葉は、「すべて頼りっぱなしではなく、自分でも考えなさい」という意味であることも少なくありません。

つまり、**ビジネスの報・連・相における相談とは「上司に問題の解決を丸投げする」行為ではない**ということです。

「週末の新製品の販促会議に出す資料ですが、今のままだと広告費の比重がかなり高くなっています。絶対に会議で突っ込まれると思いますが、どうしたものでしょう?」

「で、君はどうすればいいと思う？」
「いや、それを相談しに来たんですが」
「もう少し、自分で対策を検討してから持ってきてくれるかな？」

このように自分の考えを何も持たず、ノープランのまま、上司におんぶに抱っこでお任せ――これでは、上司が「少しは考えろ」と言いたくなる気持ちもわかります。

では、こういう相談の仕方はどうでしょう。

「週末の新製品の販促会議に出す資料ですが、今のままだと広告費の比重がかなり高くなっています。いま訴求の方向性を再検討していますが、この際、費用対効果の悪い媒体への出稿はカットして、Ｗｅｂ広告１本に絞るのも手かと思うのですが、課長はどうお考えになりますか？」
「確かにその考え方もありだね。費用対効果の資料ができたら見せてくれるかな。それを見て私も考えてみよう」

自分なりの考えを提示しながら相談したことで、上司も積極的に「相談に乗ろう」という気持ちになっています。

そもそも相談とは、自分なりに考え抜いて答えを探したあとで持ちかけるもの。自分が考えて出した答えについて「上司がどう思うか」を確認する場だと心得ておきましょう。

仕事がデキる人は「頼み上手」

この項からは、職場における「同僚や周囲の人とのコミュニケーション」で頻繁に遭遇する「仕事を依頼する」というシチュエーションについて解説します。

周囲からの信頼や協力を得ながら協働し、共通の目的や達成すべき目標を掲げてともに成し遂げていく――これが会社組織の在り方の基本です。そうした組織のなかで仕事を進めていく上で、同僚など周囲の人に「作業や業務を頼みたい」「手を貸してほしい」という状況に遭遇することは少なくありません。

ところがそうした状況に置かれたときに、「頼みたいけれど、忙しそうで嫌がられるかも」とか「断られたらどうしよう」などと考えて、つい遠慮してしまった――そんな経験がある方も多いのではないでしょうか。

人に何かをお願いする、とくに「仕事を依頼する」ことは心理的なハードルが高い行為かもしれません。しかし同僚とのスムーズな協働は、組織やチームで仕事をする上で非常に重要なことでもあります。また、それができることは「その組織に欠かせない、いてほしい人」という信頼にもつながっていきます。

どんなに有能な人でも、人間が1人だけでこなせる仕事の量には限りがあります。

もちろん個々人が、自分で自分の役割を果たそうとする姿勢は大切です。しかし、1人ですべてを抱え込んでしまうと、手間や時間がかかったり、ミスが増えたり、ときにはキャパシティをオーバーして仕事が〝パンク〟してしまう可能性もあります。結果、仕事が滞ってしまっては元も子もありません。

ならば、自分ではカバーできない範囲の仕事は、思い切って周囲の人たちに協力を依頼するべきなのです。**誰かの力を借りることで仕事をスムーズに終わらせることができれば、それは結果として、組織やチーム全体の仕事効率や実績の向上につながります。**

また、仕事を頼むことで過度な負担が軽減すれば気持ちにも余裕が生まれ、ミスやロスが減って仕事の質も向上します。さらに周囲の人たちと協力し合い、助け合いながら仕事を進める過程でこそ、仕事の連携やコミュニケーションは活性化していくものなのです。

仕事がデキる人は、総じて「頼み上手」な人です。

自分だけで解決できること、自分だけではできないことを把握し、できないことは素直に誰かに頼むことができる――。相手に不快な思いをさせず、気持ちよく協力してもらえる上手な仕事の頼み方は、すべてのビジネスパーソン必須のスキルと言えるでしょう。

気持ちよく引き受けてもらうために
――仕事の依頼 3つの心得

同じ仕事を依頼されても、Aさんの頼みなら忙しくても引き受けてあげたいけれど、Bさんの頼みは時間があってもやりたくない――。

仕事の現場では、こういうケースが想像以上に多いもの。相手が人間である以上、頼み方ひとつで印象や反応が大きく違ってくるのは当然でしょう。

そしてこの違いは、頼む側のほんのちょっとした意識や心がけ次第なのです。

そこでまず、同僚に仕事をお願いする状況になった際に、好印象を与えながら依頼の意思を伝えるための3つの心得を解説します。

心得① 相手の仕事状況に配慮する

仕事を頼むときに忘れてはいけないのは、「相手にも都合がある」ということです。

自分1人ではできないから手伝ってほしい、時間がないから手を貸してほしいといった「人に仕事を頼みたい」状況は、ほとんどがこちら（自分）都合で発生するものです。

仕事を抱えている自分の都合だけに意識が向いていると、頼むことばかりに躍起になって相手の状況を把握しないまま声をかけてしまいがちです。

そのとき、もし相手も同じように急ぎの別案件を抱えていたらどうなるでしょうか。

まず間違いなく断られるでしょう。ていねいに申し訳なさそうに、「ごめん、今は忙しくて」と言われるならまだしも、相手の状況によっては、言葉や表情に出さずとも、「今は無理だって。勘弁してよ」「俺のこと、暇だと思ってる？」といったネガティブな印象を持たれてしまう可能性もあります。

仕事を頼みたい相手の状況をきちんと把握して、時間に追われて忙しそうだったり、気持ちに余裕がなさそうな様子が見て取れたりした場合は、依頼するのを避けるべきです。

どういう言い方をするか。何と言ってお願いするか。そうした**テクニックを学ぶ以前の大前提として、相手を思いやり、相手に配慮する誠意を持つ。**頼む前のその心がけが、引き受けてもらえるか、断られるかを決める最大の要因になります。

心得②　謙虚な姿勢を持つ

とくに部下や後輩など自分より立場が下の相手に対してやってしまいがちなのが、「偉そうに依頼する」という大NGです。

こちらの事情でお願いをしているにもかかわらず、「やってもらって当然」的な上から目線の姿勢で依頼されれば、誰だって不愉快な気分になるでしょう。

こちらも仕事の一環であり、自分の仕事をサボって押し付けているわけではないので、**必要以上に恐縮したり、度を越して下手に出たりすることはありません。**

ただ、こちらが相手に時間や手間を費やさせて「お願いする」という状況なのですから、**たとえどんな相手であっても謙虚な姿勢を心がけるようにしましょう。**

心得③　前提に「指示命令系統」があることを忘れない

自分の仕事を他者に依頼しようと考えたときに注意すべきことがもうひとつあります。それは、「自分の独断では行わず、必ず上長に相談する」ということです。

会社での仕事は上司や同僚、周囲の関係者などを含めたチームでの協働によって進んでいきます。そしてそこには、組織としての「指示命令系統」が存在しています。

各自が自分の割り当てられた仕事や役割の責任を果たすことが、組織全体の成果を出すための基本になるのです。

こうした**指示命令系統において自分の部下に指示を出した上長には、その仕事に対する責任があり、部下の仕事の状況を把握する義務**があります。

ところが仕事を割り当てられた部下たちの独断で「仕事を任せる」「引き受ける」を決めてしまうと、依頼者の上長、依頼された人の上長の両者ともに自分の部下の仕事の進捗状況の把握ができなくなります。大げさに言えば、組織の指示命令系統が機能しなくなってしまうのです。

ですから仕事の依頼をしたいときは、最初に自分の上長に相談する。そこで承諾を得てから依頼するのが組織におけるルールです。

そこでＯＫが出ることもあれば、状況次第で「仕事の期限を遅らせるから依頼は必要ない」「上長から別の部下へ改めて指示する」といった判断があるかもしれません。いずれにせよ、現時点での自分の仕事の状況や依頼したい理由、依頼したい相手などを伝えて上長の承諾を得るというプロセスを踏むことを欠かしてはいけません。

また、いざ依頼をするとなった場合、依頼相手の上長にひと言断りを入れることも大事です（他部署の人など自分とは上長が異なる場合）。依頼する理由と業務内容、さらに自分の上長にも許可を取っている旨を伝えて情報を共有する。これは**円滑な業務遂行に欠かせないプロセスであり、同時に最低限の礼儀でもある**のです。

感じよく仕事を依頼する３つのステップ

ここでは、周囲の人（主に同僚）に対して、感じよく伝わり、しかも引き受けてもらいやすい「仕事のお願いの仕方」を、順を追って解説します。

手順は大きく分けて、以下の３つのステップになります。

ステップ① 相手の都合を確認する
ステップ② 依頼内容を伝える
ステップ③ 疑問点を確認し、感謝を伝える

100%引き受けてもらえるとは限りませんが、この手順を意識してお願いすれば引き受けてもらえる可能性は大きくアップするでしょう。

ステップ① 相手の都合を確認する

前項でも依頼をする際は「相手の仕事状況に配慮する」ことが重要だと述べましたが、自分都合でお願いをするときの第一歩は「相手の都合を確認する」ことから始まります。

ここで確認すべきは、「仕事を引き受けてもらえるかどうか」だけではありません。それ以前の**「依頼したいことを伝える時間をもらえるか」も大事な確認事項**になります。

例えば、同僚に「プレゼン資料に載せる図表データづくりを頼みたい」という場合、

自分「○○さん、実はお願いしたい件があって、この資料に載せるデータなんですが」

相手「え、ちょっと待って。何の話ですか？（今、手が離せないんだけど――）」

相手がこちらの話を聴ける状態かどうか確認せず、いきなり仕事を依頼しようとしています。仕事で手が離せなかった相手は、案の定、状況を把握できずに困惑しています。

これではデータづくりをお願いできるかどうか以前に、依頼したいというこちらの意思すら伝わりません。この場合なら、

自分「○○さん、ひとつお願いしたい件があるのですが、今、時間よろしいですか？」
相手「ちょっと待って。（仕事の手を止めて）はい、大丈夫ですよ。どうしました？」
自分「来週のプレゼンで使う資料に載せる図表データなんですが――」

自分「○○さん、ひとつお願いしたい件があるのですが、今、時間よろしいですか？」
相手「すみません、今、急ぎのメールを書いてまして。30分後でもいいですか？」
自分「了解です。では30分後くらいに、また声をおかけします」

まず依頼したいことがあると切り出し、相手に「今説明をしてもいいか」確認しています。そして都合のいいタイミングに合わせて「依頼したい仕事の説明」を始めています。ただ、相手が常に話を聴ける状態にあるとは限りません。そういう場合は

自分「○○さん、ひとつお願いしたい件があるのですが、ご都合のいいときに10分ほどお時間いただけませんか？」

このように相手の事情に配慮してまずはひと声かけ、その後、相手の都合に合わせたタイミングを調整するという方法もいいでしょう。

いずれにせよ、**相手の状況を確認し、相手の都合に合わせて話を聴いてでもらう許可を取る。これが最初のステップで、実際にする仕事の依頼はこの後から**になります。

ステップ②　依頼内容を伝える

相手に依頼したい仕事の内容を伝えるときのポイントは、「要点・理由・納期・完成イメー

ジ」の4つの要素を意識することです。

要点 ―――「何をしてほしいのか」依頼内容を簡潔にまとめて伝える。

×「来週のプレゼン用の資料を作っていて、文章だけだとわかりにくいので図表も入れたいのですが、私、そういうの苦手で、誰か得意な人がいないかなと――」

○「来週のプレゼンで使う資料に載せる図表データの作成を手伝ってもらえませんか」

ここでも「まず要点」という基本は変わりません。

仕事を依頼しているのであって、とりとめのない雑談をしているわけではありません。ですから相手には、**いちばん最初に「何をしてほしいのか」を明確、かつ端的に伝えることが重要**です。

前者のような不明瞭な伝え方では相手も「ん〜、何？　で、私は何をすればいいの？」となってしまいます。

理由 ――「なぜ頼みたいのか」「なぜあなたなのか」依頼した理由を伝える。

×「プレゼンに使う統計データづくりを手伝ってもらえませんか」

○「プレゼンに使う追加資料を週末までに用意するよう言われたのですが、1人では間に合いそうもないので統計データづくりを手伝ってもらえませんか」

人には**「頼みごとに何かしらの理由を添えると承諾されやすくなる」という心理傾向があると言われています（カチッサー効果）**。

何でも適当に理由をつければいいということではありませんが、「頼まなければならない理由」を明確に伝えたほうが、引き受けてもらいやすくなります。

またその際に、

「この製品の市場にも詳しくて、エクセルのスキルも高い○○さんに、ぜひお願いしたいんです。手を貸してもらえませんか」

というように、「なぜあなたに頼みたいのか」という理由を伝えるのもいいでしょう。

「あなただから」「あなたを見込んで」という姿勢が相手の承認欲求を刺激して、気持ちよく協力してもらえる可能性が高まります。

納期 ――依頼した仕事を「いつまでに」完遂してほしいのかを伝える。

×「できるだけ早めに」

○「来週早々のプレゼンで使う資料なので、金曜の午後イチまでにお願いします」

人に仕事を頼むときは、必ず明確な期限（締め切り）を設定します。「なるはや（なるべく早めに）」とか「いつまでもいい」といった曖昧な伝え方では、相手に迷いを生じさせてしまいます。

完成イメージ ――「どのような形で」仕上げてほしいのかを伝える。

×「市場動向がわかるようにまとめてください」
○「ここ半年間の市場動向がわかるようにエクセルの表組とグラフを使ってまとめてもらえると助かります」

依頼する仕事について、最終的にどのようなアウトプット（完成形）を求めているのかを具体的に説明します。この伝え方が曖昧だと、後に大幅なやり直しなどが生じてしまう場合も。そうした二度手間を避けるためにも、依頼する側とされる側で「完成形のイメージ」の認識をすり合わせておくことが大事になります。

ステップ③　疑問点を確認し、感謝を伝える

依頼内容の詳細を伝え終えたら、疑問や質問、不明点などがないか確認します。

こちらの説明だけで、相手が完璧に依頼内容を理解できるとは限りません。ときには説明に抜けがあったり、説明が不明確だったりすることもあります。

そこで、ひと通り依頼内容を説明したら、最後にこちらから疑問や質問、不明点の有無をたずねて、事前に解決しておきましょう。

その後は、「この内容で依頼を引き受けてもらえるか」の最終確認をして、OKをもらえたら、感謝の意を伝えます。

自分「――をお願いします。ここまでの説明で、何か質問などはありますか？」
相手「ちなみに、市場動向のグラフでいちばん強調したいのはどこですか？」
自分「とくに先月から今月にかけての動向には注目したいので、そこが際立つようなグラフだとありがたいです」
相手「了解しました。色を変えたりして目立たせるようにします」
自分「この内容でお願いしたいのですが、引き受けてもらえますか」
相手「はい、問題ありませんよ」
自分「ありがとうございます！　お手数かけますが、どうぞよろしくお願いします。何か不明な点が出てきたら、いつでも連絡してください」

依頼を引き受けてもらえたときは、「よろしくお願いします」だけで話を切り上げず、相手に対して誠意を持ってお礼を伝えましょう。

図⑳ 感じよく仕事を依頼する3つのステップ

ステップ1 相手の都合を確認する

いま手が離せないので
30分後でいいですか？

相手の状況を確認し、
相手の都合に合わせて
話を聴いてもらう
許可を取る

ステップ2 依頼内容を伝える

A社に提出する資料の
作成をお願いしたいです。
△△さんが以前A社の
資料作成を担当されていたので、
お任せします。
1週間後までにお願いします。
以前のA社の資料を作成した
際のイメージでお願いします

何をしてほしいのか

理由

なぜ頼みたいのか

納期

いつまでに

完成イメージ

どのような形で

ステップ3 疑問点を確認し、感謝を伝える

何か、疑問点や
質問などありますか？

いいえ、大丈夫です。

疑問や質問、
不明点などがないか
確認し、
OKをもらえたら
感謝を伝える。

3ステップで相手に感じよく伝わり、引き受けてもらえる可能性がアップする。

そうすることで、その依頼は格段に感じのいいものになり、依頼された相手も気持ちよく仕事に取りかかることができるでしょう。

依頼を断ることは「失礼な行動」ではない

ビジネスの現場では、こちらから仕事を依頼するだけでなく、逆に相手から「仕事を頼まれる」「お願いされる」というシチュエーションも珍しくありません。

時間的にも労力的にも余裕があって依頼に対応できるときは快く引き受ければいいのですが、そういう状況ばかりとは限りません。「引き受けたいのは山々だけど、事情があってやむを得ず依頼を断らなければいけない」というケースもあるでしょう。

ただ、なかには「断る」ことに少なからず心理的な抵抗感を覚えてしまう人もいます。

無理なものは無理だし、できないものはできないのだから仕方がない。でも「断ったら気分を害するんじゃないか」と思ってしまう――。そうしたストレスは、本来の自分がすべき仕事にもマイナスの影響を及ぼしかねません。それでは本末転倒です。

ここではっきり申し上げておきましょう。**断ることは決して失礼なことでも、罪悪感を覚えるようなことでもありません。**

まずは「NOと言ってはいけない」「断るのは申し訳ない」「必ず引き受けなければいけない」という発想を捨てることです。

NOと言えないからと無理して引き受けた結果、キャパオーバーで自分が抱えていた仕事も依頼された仕事も、どちらも中途半端になってしまうのでは元も子もありません。

引き受けることで、かえって迷惑をかけるというケースもある——。そう考えれば、**正当な理由があるのならば、断ることはむしろ、誠実で前向きな行動とも言えます。**

ですから、「断ってはいけない」という思い込みを持ってしまう人は、まずはその考え方を変えていきましょう。

断ってもなお、好印象の秘訣
——感じのいい断り方3つのポイント

断ることは失礼ではないと申し上げましたが、それでもモノには言い方があります。

相手「この企画書の図版データづくりのところ、手伝ってもらえませんか」
自分「それは無理です。私にも仕事がありますから」

たしかに論理的かもしれませんが、こんな断り方をされたら相手は気分を害して、こちらに嫌な印象を持つことは容易に想像がつきます。では、

相手「この企画書の図版データづくりのところ、手伝ってもらえませんか」
自分「すみません。大変申し訳ないのですが、今は難しいです。実は今日中に仕上げなければいけない書類を抱えていて手が離せないんです」

これならどうでしょう。どちらも断っているのですが、印象はまったく違うでしょう。
ここからは、「相手にイヤな印象を与えず、気まずい雰囲気にもならない」上手な断り方の心得を解説します。ポイントは3つです。

断り方① 理由を明確に伝える

依頼を引き受けてもその仕事を達成できない理由を明確に伝えます。先の例ならば、

相手「この企画書の図版データづくりのところ、手伝ってもらえませんか」
自分「すみません。大変申し訳ないのですが、今は難しいです。実は今日中に仕上げなければいけない書類を抱えていて手が離せないんです」

このように、**引き受けられない理由をはっきりと提示することで、依頼した相手も「それなら仕方がないな」と納得しやすくなります。**

断り方② 代替案を出す

ただ断るだけでなく、「その代わりとなる代替案」を提示するのも上手な断り方のポイントのひとつです。例えば先の例に、こんなやり取りを加えてみましょう。

相手「この企画書の図版データづくりのところ、手伝ってもらえませんか」

自分「すみません。大変申し訳ないのですが、今は難しいです。実は今日中に仕上げなければいけない書類を抱えていて手が離せないんです。今日は難しいのですが、明日の朝ではいけませんか？」

相手「明日でも大丈夫です。ありがとうございます」

今日は手伝えないけれど「明日の朝なら手伝える」という提案をしています。「○○はできないけれど、その代わり――」という提案で「少しでも力になりたい気持ち」が伝わり、ただの「できない」が、「感じのいいできない」になります。

また自分が抱えている仕事の状況によっては、依頼を受けた時点では「まだ引き受けられるかどうかわからない」というケースもあるでしょう。

そうした場合、引き受けるか、断るかではなく、「その場では一旦保留する」という選択も出てきます。例えば、上司に現在の業務の進捗状況を伝えて、その依頼を引き受けても大丈夫なのか相談するというケースです。

相手「この企画書の図版データづくりのところ、手伝ってもらえませんか」

自分「すみません。大変申し訳ないのですが、今日中に仕上げなければいけない書類を抱えていて手が離せません。上司に相談してからのお返事でもいいですか？」

相手「そうしていただけると助かります。お手数ですがよろしくお願いいたします」

自分「昼前には上長が戻るので相談してみます。午後イチにはお返事できると思いますが、それでよろしいですか？」

相手「ありがとうございます」

依頼を保留するときは、相手に「いつまでに返答できるか」も合わせて伝えましょう。

断り方③　相手の感情を気遣う

角を立てず、しこりを残さず、感じよく断る。その基本はやはり「相手のことを気遣う」気持ちにあります。

自分「すみません。大変申し訳ないのですが、今は難しいです。実は今日中に仕上げなければいけない書類を抱えていて手が離せないんです。別の機会にお手伝いできることがあれば、いつでも声をかけてください」

自分の都合や事情などを考えた上で「できない」と判断する以上、断ること自体は失礼な行動ではありません。ただ、理屈ではそうでも感情は違います。

「大変申し訳ないのですが――」
「意に沿えず申し訳ありません」
「お役に立てず、すみません」
「別の機会には手伝わせてください」

といった「プラスアルファ」のひと言があるとないとでは、相手のこちらに対する印象は格段に違ってきます。

「この人には、今後、仕事を頼みづらいな」と思われるか、「そういうことなら、別の機会には頼んでみよう」と思われるか。

それは**「断り方」に気遣いや誠意が感じられるか**どうかなのです。

第5章

誰もが耳を傾けたくなる「魅力的な話し方」の極意

理を語り、なおかつ情に語る
――魅力的に伝える話し方とは

ここまで「職場で築く信頼関係」「打ち解ける雑談」「リアクションと傾聴」そして「ビジネスシーンでのコミュニケーション」という4つのカテゴリーで求められるコミュニケーションスキルを解説してきました。

すでにみなさんの中には、人間関係をつくり、話を盛り上げ、仕事で求められる伝え方の土台は完成しています。さらにこの章では「確実に伝わり、なおかつ印象に残る」話し方について解説していきましょう。

改めて考えてみてください。

誤解や混乱を招かず、聴き手に正しい理解をもたらす「確実に伝わる話」とはどういうものか。

ひと言で言い表すとしたら、それは「論理的な話」と言うことができるでしょう。

一方、聴き手の興味関心を引き寄せ、気づきを与え、行動を促す「印象に残る話」とはどういうものか。

同様にひと言で表現するなら、それは「心を動かす話」ではないでしょうか。

だとするならば、**周囲の人とわかり合い、つながり合い、協働できる「魅力的な話し方」の極意とは、「理を語り、情に語る話し方」**とも言うことができます。

みなさんにも相手の話に「気持ちはわかるけれど、論理的には筋が通らない」や「頭ではわかるけれど、気持ちが動かない」と思った経験があるのではないでしょうか。

人と人とのコミュニケーションは「論理と感情」の両輪で成立しています。それゆえに理だけを語っても、情だけを語っても、「ピンとこない話」になってしまうのです。

理を通した上で、情に働きかけるという「2つの軸」を両立させてこそ、聴き手が思わず身を入れて聴きたくなるような、魅力的な話になるのです。

話し方の「極意」といった言い方をすると、「簡単には習得できない難しいテクニック」だと思って二の足を踏んでしまう人がいるかもしれませんが、そんな心配はいりません。

なぜなら、これまで本書のなかで繰り返し申し上げてきたように、**コミュニケーションスキルは生まれながらの才能ではなく、今からでも後天的に身につけることができるスキル**だからです。

それは「理を語り、情に働きかける魅力的な話し方」も例外ではありません。**正しい知識を得て練習をすれば、誰もがいつからでも後付けで習得できるスキル**なのです。

本章は、この本全体の終章であり、これまで解説してきた知識や心得、スキルのまとめにあたる章でもあります。

そこで、あらゆるシチュエーションで求められる「魅力のある話し方」の両軸となる、

- **理を語る――根拠を示し、論理的に話す。**
- **情に語る――聴き手の感情に働きかける。**

という2つの最重要エッセンスについてお伝えしていきます。

根拠を示し、論理的に話すためには

聴き手が耳を傾けたくなるように話すには、大前提として、その話が「論理的であること」が求められます。いくら言葉を尽くしても、その内容が論理的でなければ伝えたいことが伝わらず、聴き手を惹きつけることも、納得させることも、好印象を与えることも、高い評価を受けることもできないでしょう。

そもそも「論理的」とはどういうことでしょうか。ポイントは以下の3つです。

・明確な主張やメッセージがある。
・その主張についての根拠や理由がある。
・主張と根拠のつながりに無理がない（話の構成が破たんしていない）。

もっと平たく言えば、聴き手が**「確かにその通り」「理屈に合っている」と無理なく理解し、納得できる話**とも言えます。

逆に、「主張やメッセージがわからない」「主張を支える根拠がない」「根拠に納得感がない」「話が複雑すぎて混乱する」といった、聴き手に「何を言ってるのかわからない」「それっておかしくないか？」と思わせる話は、「論理的ではない」ということになります。

次からは論理的な話し方をするための3つのフォーマットをそれぞれ紹介します。

論理的に話すための基本フォーマット「主張＋根拠」

論理的な話し方をする際にもっとも基本となるのは、

「A（主張・メッセージ）、なぜならB（根拠・理由）」もしくは「Bだから、A」

という明確な「主張・結論」と、それを支える「根拠」を正しくつなげて提示するフォーマットです。例えば、

①「厚手のコートを着ていこう（A）。天気予報で『今年いちばんの寒さ』と言っていたから（B）」

図㉑ 基本フォーマット「主張+根拠」

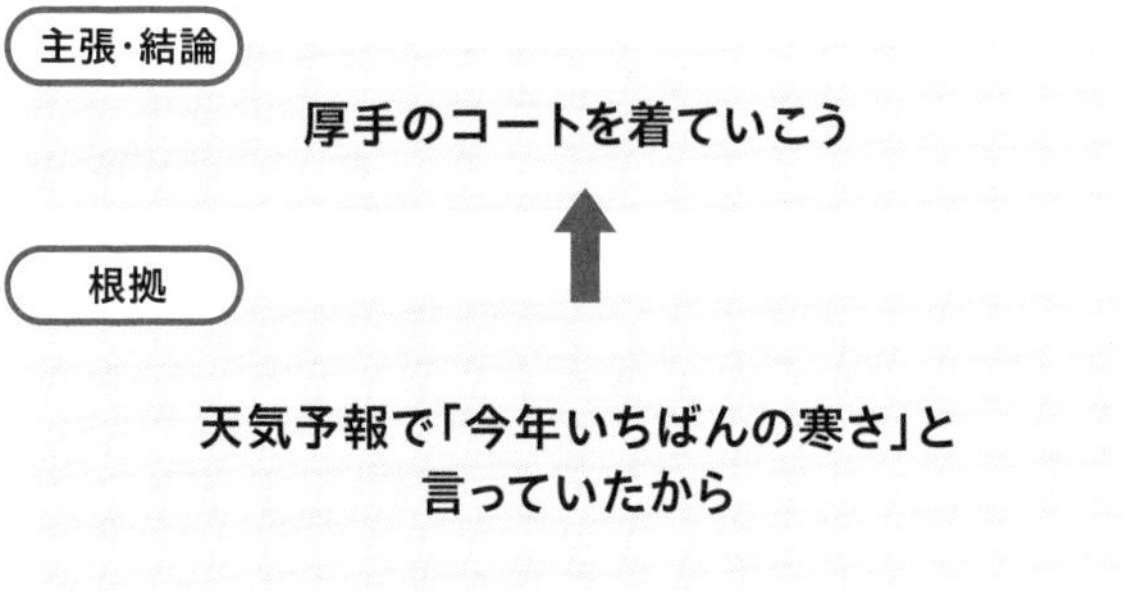

主張・結論

厚手のコートを着ていこう

根拠

天気予報で「今年いちばんの寒さ」と
言っていたから

②「厚手のコートを着ていこう（A）。外はそんなに寒くないけれど（B）」

①は「A、なぜならB」が成立し、主張と根拠がつながっている整合性のある論理的な話なので、聴き手も正しく理解できます。

しかし②は主張と根拠がすんなりとつながらないので、聴き手は理解できず「ん？どういうこと？」となってしまいます。つまり、話が論理的ではないということです。

でも、ここに納得できる根拠を足して、「厚手のコートを着ていこう。外はそんなに寒くないけれど、天気予報で『午後から急に寒くなる』と言っていたから」

にすると主張と根拠がつながって筋道が通って論理的な話になります。
明確な根拠を提示しない主張やメッセージは説得力を欠くため、聴き手の納得や理解を得にくくなります。裏付けのない非論理的な主張は、単なる思いつきや独りよがりの意見のように聴こえてしまい、聴き手にいい印象が残りません。
とくに会議での発言やスピーチのように自分の意見をきちんと主張する場面では、この基本フォーマットが不可欠になります。

「面接担当者への研修が必要だと考えます（A）。なぜなら近年、途中で選考を辞退する学生が増えているからです。自社アンケートでは『面接官の対応が良くない』という回答が多数あります。また、ネットの掲示板に『圧迫面接をされた』などと書きこまれています（B）」

のように**「A、なぜならB」の基本フォーマットに則った構成にすることで、論理的でわかりやすく、聴き手を納得させる話ができるようになる**からです。
主張は、「なぜそう言えるのか」という根拠とセットで話す。最低限の論理性を持たせることが、聴き手の心に届き、心を動かす話の大前提になります。

説得力が格段に増す「前提ベース」のフォーマット

2つ目は、前提（ものごとを成立させる条件）をベースにして主張・結論を伝える、

「前提→事実→主張・結論」

という構造を用いた話し方です。例えば、

「今期は、高い顧客満足度99％を維持することが目標（前提）」
↓
「前期、顧客アンケートで『顧客満足度』の結果が、お客様対応研修を実施した後15％向上した（事実）」
↓

図㉒「前提ベース」のフォーマット

主張

今期の新入社員にも、
お客様対応の研修を行うべきだ

根拠

前提　今期は、高い顧客満足度99%を維持することが目標

事実　前期、顧客アンケートで「顧客満足度」の結果が、お客様対応研修を実施した後15%向上した

「今期の新入社員にも、お客様対応の研修を行うべきだ（主張）」

というように、ベースとなる「高い顧客満足度を維持するという前提条件」に、実際に起きた事実を照らし合わせることで適切な主張（結論）を導き出すやり方です。

この考え方も土台にあるのは基本フォーマットの「主張＋根拠」です。つまり、前提と事実という2つの連結した要素が主張や結論を支える「根拠」になっているのです。

これを実際に話すときには、「主張・結論」→「前提」→「事実」の順に、

「今期の新入社員にも、お客様対応の研修

を行うべきだと思います（主張）。なぜなら、今期は、高い顧客満足度99％を維持することを目標としているからです（前提）。前期、顧客アンケートの『顧客満足度』の結果が、お客様対応研修を実施した後15％向上しています（事実）」

となります。

また、前提ベースで主張や結論を伝えるときに忘れてはいけないのは**「前提や事実となる情報に説得力があるかどうか確認する」**ことです。前提ベースの話が上手く伝わらないのは、前提や事実が「主張を支える根拠」として正常に機能していないことが原因です。説得力のない前提や事実とは、大きく分けて次の3つのケースです。

① 事実誤認がある

前提となる情報に誤りがあると、導き出される主張も誤ったものになります。例えば、「A社では入社後に半年たってから有給休暇を付与すると」いう社内規定があります。そこで次の主張をするとどうでしょうか。

「新入社員に、入社直後から有給休暇を取れることを伝えるべきかと思います。なぜなら、法改正により、年5日の年次有給休暇の取得義務が決まりましたが、新入社員が上半期で1日も有給休暇を取っていないからです」

この主張は前提に事実誤認があります。法改正で決まったのは、「年次有給休暇を10日以上付与した労働者には5日以上の有給休暇取得義務がある」ということ。さらに有給休暇は「入社後半年間継続勤務している」社員から付与する義務があり、会社が特別に許可していない場合は、新入社員は下半期に入ってからでなければ取得できません。よって「入社直後から有給休暇が取得できる」という主張自体が誤りなのです。

②論理の飛躍やこじつけがある

主張したいがために、強引に前提や事実をこじつけると、論理が大きく飛躍してしまい、説得力がなくなります。例えば、

「インターネット広告には有名タレントを起用するといいと思います。その理由は、近年効果が期待できる広告媒体としてインターネットが台頭してきており、同業の80%がテレ

ビCMからインターネットCMにシフトし始めているからです」

インターネット広告の推奨は理解できますが、肝心な「有名タレントの起用が必要な理由」が欠落しています。そのため主張の論理性が失われ、説得力も落ちてしまいます。

③偶然の事例を「一般化」して扱う

偶然起きた特殊な事例を、一般化する（常に起きることとして扱う）と、聴き手に「それはたまたまそうなっただけで、いつもそうとは限らないんじゃないの？」という疑問が生まれ、主張の説得力が落ちてしまいます。例えば、

「売上回復のために商品Aを3倍生産すべきだと考えます。生産量のアップは売上増に直結しますし、実際、先週は商品Aが通常の3倍売れたからです」

先週3倍売れたのは「偶然」の可能性もあるのに、「これからもそうなる」と勝手に決めつけています。そのため主張の論理性も説得力も低下してしまいます。

「前提ベース」で主張する際、その根拠となる前提や事実の説得力が欠如してしまうと、聴き手の納得や共感を得られません。また、自分の主張ばかりに意識が向き、つい独りよがりや無理のある前提を提示してしまいがちです。だからこそ、**説得力のある主張をするためには、冷静かつ客観的に前提や事実の正誤を確認する必要がある**のです。

より人の心を動かす「事例ベース」のフォーマット

最後のフォーマットは、**複数の「事例」を提示し、それらを理由（根拠）にして最終的な主張や結論を引き出す**という考え方です。

「事例→理由→主張・結論」

これも「前提ベースのフォーマット」と同様に、基本フォーマット「主張＋根拠」の応用型と言えます。例えば、

「競合A社はAI導入によって生産性向上や人件費削減に成功している（事例①）」
↓
「さらにB社ではAIを活用した新商品開発に成功している（事例②）」
↓
「ここで出遅れるとこれまでの競争優位性の維持が難しくなる（理由）」
↓
「だから、わが社ももっと積極的にAI導入を推進するべきだ（主張）」

これを実際に話すときには、「主張・結論」を最初に持ってきて、

「わが社はもっと積極的にAI導入を推進するべきだと思います（主張）。ここで出遅れるとこれまでの競争優位性の維持が難しくなるだろうと考えるからです（理由）。競合A社はすでにAI導入によって生産性向上や人件費削減に成功し（事例①）、B社ではAIを活用した新商品開発に成功しています（事例②）」

図㉓「事例ベース」のフォーマット

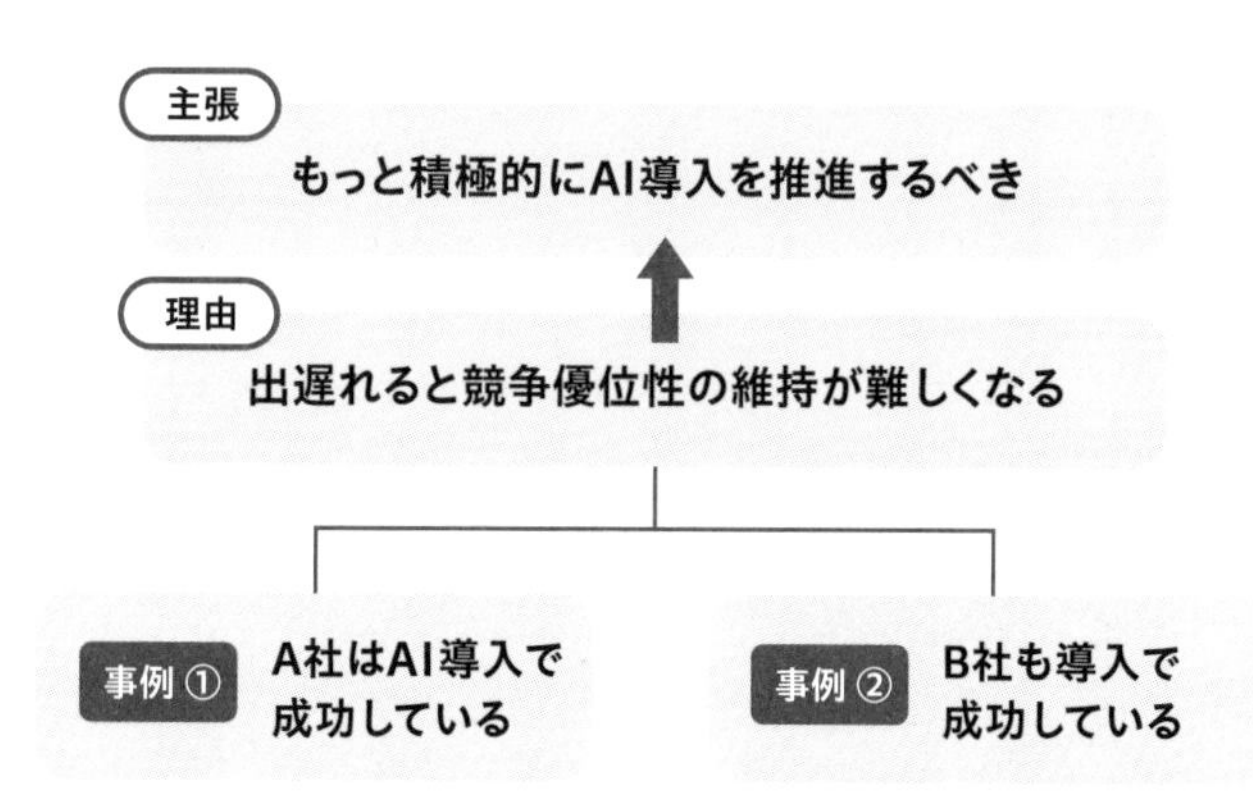

となります。

このフォーマットのポイントは、「複数の事例を用意する」ことにあります。事例がひとつだけだと、事例が偶発的であり、別の事例が検討されておらず、調査が不十分であると思わせてしまうからです。

また事例ベースを用いて話す内容をまとめる際には、次の「トップダウン思考」「ボトムアップ思考」の手順を意識すると、論理的な主張ができるようになります。

図㉔「トップダウン思考」の考え方

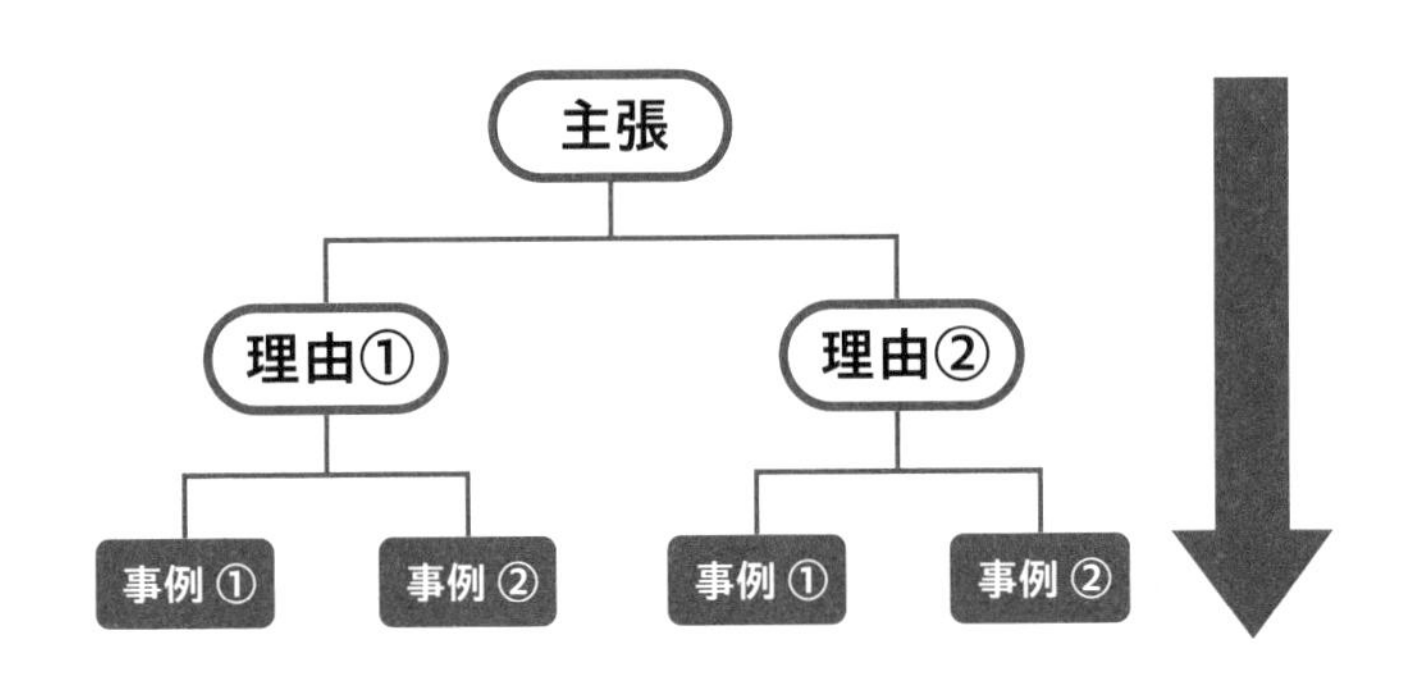

まず「主張に対する理由」を考え、次に「理由の根拠となる事例」を考える。

トップダウン思考

図㉔のように**「上から下（主張→理由→事例）」という順番で考えていくのがトップダウン思考**です。

・まず「なぜ、そう主張できるのか」、つまり「主張に対する理由」を考える。

↓

・次に「なぜその理由が成立するのか」、つまり「理由の根拠となる事例」を考える。

という下方向へのベクトルに沿って思考することで論理性を構築していきます。

図㉕「ボトムアップ思考」の考え方

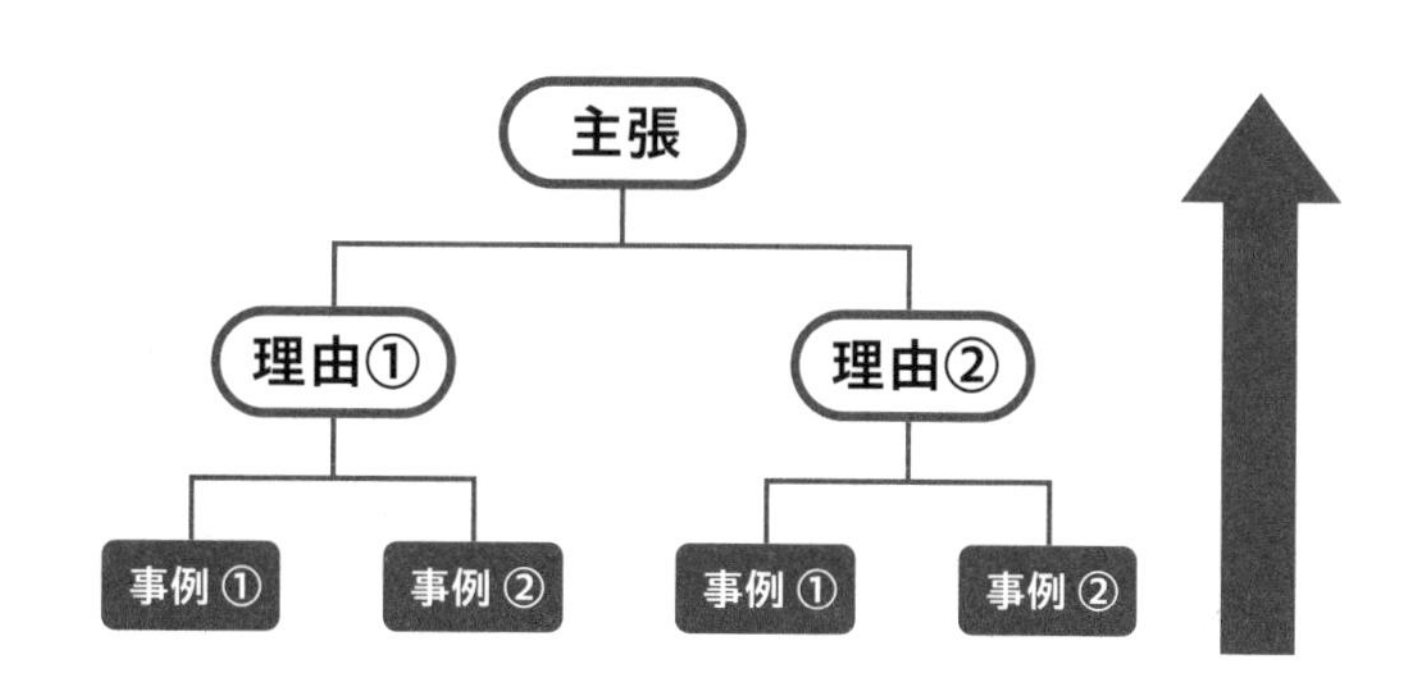

まず「根拠となる複数の事例」を集め、理由を形成、その理由から主張を導き出す。

ボトムアップ思考

トップダウン思考の逆で、図の㉕ように、**「下から上（事例→理由→主張）」という順番で考えます。ポイントは「だから、何なのか」というアプローチ**です。

まず根拠となる「複数の事例」を集め、それらを整理して「理由の形成」を行い、その「理由から主張を導き出し」ます。つまり、「これらの事例があるから理由が成立し、その理由があるから主張が導き出される」という流れで論理性を構築する方法になります。

さらにトップダウン思考とボトムアップ思考は、事例ベースでの主張に不可欠な「自分の主張の論理性の検証」にも大いに役立ちます。それぞれの思考を用いて主張の論理性をチェック（検証）する方法は次の通りです。

「上から下へ」のトップダウン思考を用いる場合、

- まず**「主張」から見て「理由は、主張を支える適切な内容になっているか」**
- 次に**「理由」から見て「それぞれの事例は、理由を構成するのに適切か」**

をチェック。「なぜそうなのか」というトップダウン思考のアプローチに沿って、論理性を確認します。

「下から上へ」のボトムアップ思考による検証とは、

- まず**「事例」から見て「理由は、事例の内容を踏まえたものになっているか」**
- 次に**「理由」から見て「主張は、その理由を踏まえて適切に導き出されているか」**

をチェックすることで論理性を確認します。

事例ベースで主張する際には、**「主張と理由、理由と事例が適切に対応しているか」**をトッ

プダウンとボトムアップの両方でダブルチェックすることが重要です。もし、どちらかのアプローチで関係性に誤りやズレが見つかった場合、その主張は論理性を構築できていないということになります。

論理的に話すことは決して難しくない

「論理的に話す」「前提ベースで、事例ベースで話す」などと聞くと、何やら難しそうで簡単には実践できなそうに思うかもしれませんが、例えば、親子の会話で小さな子どもがこんなことを言っているのを聞いたことがありませんか。

「先生が『掃除をサボるのはルール違反だ』って言ってたよ。今日、Aくんは掃除サボってたんだ。それってルール違反だよね」

「ねえ僕も○○ゲームほしいよ。Aくんは誕生日プレゼントで買ってもらったんだって。Bくんはおばあちゃんに買ってもらったって言ってた。みんな持ってて僕だけ仲間に入れないんだよ。お願い、買って」

実に子どもらしい発言ですが、前者は「前提ベース」、後者は「事例ベース」で主張や結論を導き出しています。実はちゃんとした論理的な話し方になっているのです。

小さな子どもでも無意識に使っている手法なので、決して難しいことはありません。

「何を言っているのかわかる話」であることは、魅力的な話の絶対条件です。

話すときには主張と根拠を明確にし、根拠には「前提＋事実」や「事例＋理由」で説得力を持たせる。これらを意識するだけでも、話は格段に論理的で伝わりやすくなります。

聴き手の感情に働きかける4つのテクニック

聴き手の心を動かす話は、論理的であることが大前提。それは先に述べた通りです。

しかし、どんなに論理的に正しく破たんのない明晰な話であっても、それだけでは聴き手の心を動かせないこともあります。

どんなに論理的に説得しても賛同を得られない。どんなに理にかなったプレゼンをしても取引先に「YES」と言ってもらえない――。こうしたケースは珍しくありません。

なぜなら、**「人は感情の動物」**だからです。

論理や事実は話の内容を理解させるためには役立ちますが、反面、イメージや感情に訴えにくい面があります。

私たちの脳は、大きく「論理をつかさどる左脳」と「感情をつかさどる右脳」とにわかれています。そして左脳と右脳がバランスよく連携する、つまり理屈と感情の両方で判断することで、人は納得して行動を起こそうとするのです。

ですから、**聴き手の心を動かすような話をするためには、論理的であることに加えて、「相手の感情に働きかける」という意識が非常に重要**になります。

ここでは、感情に働きかける話をするために心がけたいポイントを4つ、解説していきたいと思います。

①「情報」よりも「体験できる喜び」を伝える

モノを売らずにコトを売れ――。営業やマーケティングの世界ではよくこう言われます。

モノとはもちろん商品で、コトは「その商品が生み出す価値」を意味します。つまり、顧客に寄り添い、顧客の興味・関心を引きつけるためには、商品そのものの説明以上に、「その商品を手に入れることで顧客が得られる喜び」「その商品が顧客にとって価値がある理由」を伝えることが重要である、ということです。

例えば、家電販売店の営業担当者が「子どもたちが大きくなって運動部に入ったので洗濯物がかなり増えた。今の洗濯機ではもう小さいので、新しく買い換えたい」というニーズを持つ顧客を接客したとしましょう。

「このドラム式洗濯機は、12kgと大容量で、590㎜×680㎜×950㎜とスリムサイズで、高性能の乾燥機能付きで、スマホで遠隔操作ができて——しかもこの価格です」

といった商品スペックなどの説明も、もちろん必要です。ただそうした情報は「購入は決めていて、他社製品と比較したい」顧客には有効でも、「購入そのものを迷っている」顧客には製品（洗濯機）の良さをあまりイメージできないでしょう。そうした顧客には、

「お子様たちの洗濯物が一気に増えても、この大容量なら一度にすべて洗濯できます」
「乾燥機能が強力なので、梅雨時期などで外干しができなくても心配いりません」
「仕事や学校でご家族が外出しがちでも、スマホで出先から運転の操作ができます」

など、その洗濯機を購入したことで、「顧客やその家族が得られるメリット」や「体験できる喜びや便利さ」を提案するアプローチのほうが効果的です。**顧客は「自分が実際にその洗濯機を使ったときの使い勝手のよさ」をより具体的にイメージできる**からです。

「モノ（商品情報）よりコト（体験できる喜び）」を伝える営業ノウハウは、普段の会話にも応用できます。例えば好意を持っている異性をドライブに誘うときでも、

A「ドライブに行きませんか？」
B「〇〇から見る景色が知る人ぞ知る絶景だそうです。一緒に見に行きませんか？」

では、「きれいな景色を見てみたい」という感情に働きかけているBの誘い方のほうが、

ＯＫをもらえる確率は高くなると思いませんか。

「商品がもたらす充実した生活」をイメージさせることで、顧客の「買いたい」という感情を引き出す。こうした**「聴き手の感情に寄り添い、働きかける話し方」は、ビジネスシーンのみならず、日常のさまざまなシチュエーションで効果を発揮します。**

②物語にして話す（ストーリーテリング）

ほとんどの人は、『桃太郎』や『鶴の恩返し』といった有名な昔話を、大人になった今でも覚えていて、語り聞かせることができるのではないでしょうか。それは、話の内容や教訓を断片的な事実だけでなく、「物語（ストーリー）」として記憶しているからです。

アメリカのスタンフォード大学の研究でも、**「数字や事実を羅列して話を覚えるのと、ストーリーにして話を覚えるのとでは、ストーリーで覚える方が22倍記憶に残りやすい」**という結果が報告されています。

ストーリー（物語）を語ることで聴き手の感情に働きかける方法は「ストーリーテリング」と呼ばれ、マーケティングやブランディングなどでも活用されています。

スピーチや発言、普段の会話などでもストーリーテリングを用いると、聴き手は話により共感しやすく、記憶にも残りやすくなります。最近はＣＭでもストーリー仕立てのものが多く見られます。例えば、

「Aさん（28歳・女性）は英会話に苦手意識があり、街で外国の方が近づいてくると、話しかけられないように目を伏せていました。

Aさんが住むB市には人気の観光地があり、海外からの観光客は増える一方です。Aさんの『せっかく来てくれたんだから、いい思い出を作って帰って欲しい』という気持ちとは裏腹に、街に出るたびに居心地の悪さを感じていました。

しかし『翻訳アプリ』をダウンロードしてから、そんなAさんの毎日は一変しました。アプリが日本語と英語を瞬時に相互翻訳してくれるので、スマホを見ながら自然に会話をすることができます。とくにAさんが便利に感じているのは、アプリの立ち上げが一瞬で完了するので、話しかけられてから、ストレスなくすぐに使用できることでした。

海外からの観光客に道を教えられるようになったAさんは、『もっとB市のことを知ってもらいたい』と考えるようになり、美味しい店やお勧めの穴場スポットの情報を集める

ようになりました。その結果、住んでいる街の魅力を再発見し、自分自身もいろんな場所に出かけてアクティブに街を楽しめるようになったそうです」

ただ商品を宣伝するのではなく、短編ドラマのような構成で視聴者の感情に訴えて商品の魅力や有用性をアピールする――これもストーリーテリングの活用例と言えます。

③セリフを入れる（会話表現）

また、ストーリーを語る際に会話表現を盛り込むと臨場感が高まり、共感度も高くなります。会話表現とは「実際に声に出して話した言葉」と「心の声」の2つ。状況説明のなかに会話が出てくると話し手や登場人物の感情がよりリアルに伝わるため、聴き手が話に感情移入しやすくなるのです。

また、**会話表現を用いることで話し方に抑揚や変化がつくため、聴き手を飽きさせないというメリット**もあります。例えば、会話表現なしで話すと、

「先週のミーティングで部長から、営業は思いやりが大事で、信頼を得るにはお客様の事

情に寄り添った営業をすべきだと教えられました」

となります。これを、会話表現を使って少しだけアレンジすると、

「先週のミーティングで、部長が『セールスの基本は思いやりなんだよ。だから常にお客様の事情に寄り添った営業を心がけなさい。それがお客様の信頼につながるんだ』と教えてくださったんです」

話の内容はどちらも同じですが、伝わり方には大きな違いがあります。部長の話を会話表現にしたことで臨場感が生まれ、聴き手はまさに今ここで直接部長が話しているように感じるのではないでしょうか。

セリフにすることで、事実や状況説明が「生きた言葉」になります。だからより強く聴き手の印象に残るのです。

加えて、**セリフの前に一瞬の「間」を置く、声のトーンを少し変えるといった工夫をしてみることで、さらに臨場感がアップします。**

④五感に訴えかける（イメージングトーク）

私たちは五感（視覚、聴覚、触覚、味覚、嗅覚）によって得た情報を基にしてものごとを知覚し、認識します。その情報が多いほど、より鮮明に、より強い印象を持ってイメージできるのです。

そう考えると、**聴き手に、話の内容をよりリアルにイメージさせるには、意識して積極的に「五感に働きかける」話し方が有効**だと言えるでしょう。五感に訴えた話でイメージを引き出す、名付けて「イメージングトーク」です。

例えば、

「湘南の海岸沿いをオープンカーでドライブするのが、私のストレス解消法です。晴れた日は最高に気持ちがいいんです。仕事の悩みなんて吹き飛んでしまいますよ」

という話。「海沿いのドライブが気持ちいい」ことはわかりますが、どことなく味気ない感じにも思えます。そこで、五感に訴えるイメージングトークにすると、

「ストレス解消法は、湘南の海岸沿いをドライブすることです。オープンカーなので晴れた日は気持ちいいんですよ。抜けるように真っ青な空とまぶしい日差しのなか（視覚）、潮の香りが漂う海風を肌で感じながら走る（嗅覚・触覚）のは最高です。車のエンジン音や風を切る音、周囲の雑踏、いろいろ聞こえてくるのもオープンカーならではで（聴覚）、そんな程よいノイズもまた心地いいんです。仕事の悩みなんて吹き飛んでしまいますよ」

聴き手は、オープンカーに乗って風を受けながら疾走している光景をより具体的に、より鮮明にイメージできるはずです。聴き手自身がそのオープンカーに乗っているような感覚になるのです。実際に話すときには、五感全てを入れなくてもかまいません。

こうしたイメージングトークは、普段でも練習することができます。例えばレストランで食事をしたとき、テレビ番組の「食レポ」にチャレンジするのもひとつの方法です。

最大のポイントは、「おいしい」という言葉を使わずに料理のおいしさを表現し、伝えること。「おいしい」「うまい」という情報だけではなく、聴き手の五感に訴えて、料理の味わいをイメージさせるように話してみましょう。いかに聴き手に「おいしそう」「食べたい」と思わせるか。食レポは、イメージングトークのいいトレーニングになります。

魅力的に話すスキルは、自信を持って生きるための武器

理(筋道)を通して理解を促し、感情に働きかけて印象づける——。聴き手の心を動かし、聴き手を行動に導く「耳を傾けたくなる魅力的な話し方」の極意についてご理解いただけたと思います。

この話し方を身につければ、周囲から、「あの人の話はいつも的を射ている」「あの人の話には説得力がある」「あの人の話なら聴いてみたい」という高い信頼感につながる評価を得ることができるでしょう。さらにそのスキルは、

会議やスピーチで自分の意見や考えを、自信を持って堂々と主張できる。
人の感情を汲み取って理解し合い、良好な協力・協働関係を構築できる。
アイデアやビジョンを明確に提案でき、新しいチャレンジの機会が増える。
セールスの場で、自社の商品やサービスを魅力的に提案できる。

転職試験の面接などキャリアアップのチャンスで、自分を効果的に売り込める。
家族や友人・知人たちと、より仲良く、より円満な関係を維持できる。

など、仕事だけでなく人生のあらゆる場面で役に立つ、心強い武器となるでしょう。

ビジネスパーソンには「自分に自信がない」と悩んでいる人が少なからず見受けられます。人生の充実感や幸福感を高めるために欠かせない要素に、「自分ならできる」「自分なら大丈夫」という「自己効力感（自信を持つ）」があります。

つまり、「自分に自信がない＝自己効力感が低い」とも言えるでしょう。

そしてその根底にあるのが、会話下手で言いたいことを伝えられない、周囲と上手く協調できず職場で気が重い、といった「コミュニケーション」への自信のなさです。

ただ逆に言えば、周囲と円滑にコミュニケーションが取れて、自分の意見や考えを明確に、説得力を持って伝えることができれば、自己効力感は大きく向上するということ。

そうすれば、仕事や人生における選択肢や行動の幅が広がります。何事もポジティブに、前向きに捉えることができます。「自分はできる」というセルフイメージが生まれて、チャレンジする意欲や勇気が湧いてきます。人生の可能性が大きく広がっていくのです。

「伝え方・話し方」のスキルは、人生という世界を、自分らしく自信を持って生きるための「パスポート」のようなもの――私はそう考えています。

今からでも決して遅くありません。有効期限のない一生モノのパスポート、みなさんもぜひ手に入れてください。この先の人生の旅が、格段に充実するはずです。

最後に、巻頭の「2つの問題」の答え合わせをしておきましょう。

問題①の解答例

「○○社に提出した見積もりの件、正式な返答は来週火曜日まで待ってほしいとのことです。金額には問題なさそうですが、稟議の手続きに時間を要するそうです」

問題②の解答例

「駐車する際には、前向きで駐車してください。後ろ向き駐車は排気ガスが流れ出し、近隣の方々のご迷惑になります。実際に排気ガスの臭いが庭先に流れ込んでくる、花壇の花がダメになるといった苦情が来ています」

いかがでしたか。簡潔に、的確に伝えるためには「いちばん言いたいことを最初に話す」――。2問とも情報伝達の基本を問う設問になっています。

最初にページを開いたときは難しくても、ここまで本書を読んできた後に挑んだら、難なく解ける問題だったはず。それこそ、みなさんが着実にスキルアップしている証しです。

おわりに

本書を最後までお読みいただき、ありがとうございました。

みなさんには「相手と打ち解ける雑談」や「的確に情報を伝えるコミュニケーション」の重要さ、「魅力的に話すためのスキル」、そのスキルを高める方法論についてご理解いただけたと思います。

なかには、まだご自身のコミュニケーションスキルに自信を持ち切れないという方もいらっしゃるかもしれません。

でも、ご安心ください。

ある程度の個人差はあっても、正しい理論を土台に正しい方法論を実践し、その習慣化を意識していけば、誰もがコミュニケーション能力を改善・向上させることができます。

最初から100点満点を目指さなくても大丈夫。焦ることなく投げ出すことなく、本書を常に読み返しながら、お伝えしたノウハウの継続した実践にチャレンジしてください。

コミュニケーションスキルの向上は、そうした意識の変化から始まります。そして、本書はそのためにあるのです。

本書のタイトルでもあり、内容のベースにもなっている実践型スクール『コミュトレ』は、ビジネス・コミュニケーション能力の習得を目的に私たちが提供している、日本でも類を見ない独自の教育メソッドです。

コミュトレが考案されたのは、長期にわたって経済不況が続き、金融破綻にリストラにと、日本のビジネスシーンに明るい材料を見出すのが困難だった時期のこと。先の見えない時代のなか、何のバックボーンも持たないベンチャーとして船出した私たちは、自分自身を資本として、多くの人の協力を得ながら会社を成長させてきました。

そして、その実現過程で培ってきたコミュニケーションのノウハウこそが、あらゆるビジネスシーンで何より求められているものだと気づかされました。

その気づきを得て、私たちは決意したのです。

そのノウハウを提供して、少しでも日本を支えるビジネスパーソンの力になることを。

そのノウハウを活かして、みなさんとともに「ニッポンを元気にする」ことを。

心を開いて伝えるべきことを伝えるコミュニケーションスキルとは、「誰とでも理解し合い、協働して生きる力」に他なりません。

お互いに通じ合い、打ち解け合い、信頼し合い、協働し合う力とは、自分の人生を豊かにし、周囲の人たちに幸せをもたらし、ひいては社会全体をよりよいものにしていく力でもあるのです。

みなさんもぜひ「その力」を身につけ、磨き、活かして、多くの人と関わり合い、組織に活気をもたらし、仕事を成功させ、喜びや幸せを分かち合ってください。

こうした一人ひとりの仕事や人生の充実が、「ニッポンを元気に」という大きな夢を、一歩ずつ実現に近づけていく原動力になるのだと、私たちは信じています。

本書が、みなさんのコミュニケーションスキル向上に役立ち、みなさんが抱えている人間関係にまつわる課題解決の力になり、みなさんのより豊かな人生と「ニッポンの元気」を少しでも後押しできれば、著者としてこれほど嬉しいことはありません。

2024年3月

株式会社アイソルート　代表取締役　野田雄彦

野田雄彦（のだ・たけひこ）

株式会社アイソルート代表取締役。
輸入商社営業職を経て、PCソフト及びBTOパソコンの販売、ISP、IP電話代理店など、情報通信業界を中心に新規事業の立ち上げに従事。1999年「日本を元気にする会社を創りたい」とeラーニング製品の製造販売を目的に株式会社アイソルートを設立。2004年より同社代表取締役に就任後、20年間連続黒字と最高売上高更新中。2007年新宿区優良企業表彰「経営革新賞」受賞。2009年社会人向け実践型スクール「コミュトレ」運営開始。教育工学に基づくメソッドと独自開発の学習支援システムから得られるデータ分析を通じて、ビジネススキルの成長メカニズムの解明を進めている。2012年日経トップリーダー「本当に強い中小企業ランキング」全国総合14位、IT業界2位に選出。

『コミュトレ』HP ／ https://commu-training.jp/

話せる、伝わる、結果が出る！
コミュトレ
――10万人のデータから導き出されたビジネス・コミュニケーションスキル

2024年3月12日　第1刷発行
2024年9月20日　第3刷発行

著者　**野田雄彦**
発行所　**ダイヤモンド社**
〒150-8409　東京都渋谷区神宮前6-12-17
https://www.diamond.co.jp/
電話　03-5778-7235（編集）　03-5778-7240（販売）

編集協力 ――――― **柳沢敬法**
装丁・本文デザイン・DTP ― **鈴木大輔・江崎輝海（ソウルデザイン）**
校正 ――――― **鷗来堂**
製作進行 ――――― **ダイヤモンド・グラフィック社**
印刷 ――――― **信毎書籍印刷（本文）・加藤文明社（カバー）**
製本 ――――― **ブックアート**
編集担当 ――――― **加藤貴恵**

ISBN 978-4-478-11914-3